アドラー博士が教える

子どもの「あきらめない心」を育てる本

やる気に差がつく
“夢”の引き出し方・広げ方

From Alfred Adler :
How to Raise Children with
the Heart to Endure

星 一郎

青春出版社

はじめに

最近、自分の将来に夢や希望を持てない子どもが増えています。

数年前だったか、数ヵ国の子どもたちの調査を目にしたことがあります。中国・韓国・アメリカなどの子どもたちの多くが、「がんばって勉強すればえらくなることができて、自分の夢がかなう」と考えているのに対して、日本では「がんばってても大していいことはない」「そんなに努力しなくても、ほどほどでいい」と感じている子どもが多いのです。

私は心理セラピストとして数多くの子育て相談に関わってきましたが、このような子どもたちの傾向に危惧を感じています。

やればもっとできるのにやめてしまう。すぐに「できない」「疲れた」と投げ出してしまう。ただし、言葉通りできないとか疲れているわけではありません。おもしろくない。わくわくできない。……だから、ちょっとしたことでつまずき、あきらめてしまうのです。

「もっとやる気を出して」と励ましたり叱ったりする親も多いようですが、実は「やる気」を出すには、ほめたり叱ったりといった「しつけ」よりも効果的なやり方があります。

自分の未来に対してわくわくすることができれば、やる気は出るのです。

たとえば、今ニートの若者が増えていることが問題になっていますが、彼らの多くは、こんな仕事がしたいという目標や夢がないから「働きたい」と思わないし、親がとりあえず面倒を見てくれるから「働かなければ」と思わないのです。不景気とはいいながらかなり豊かで、しかし先行き不透明な今の日本は夢を持ちにくい社会だといえるでしょう。

その中で子どもの「あきらめない心」を育てていくためには、親にも工夫が必要です。それを本書では、なるべく具体的な形で紹介しました。子どもとの日々の会話を中心にしていますので、役立ちそうなことから取り入れていただければ、と思います。

なお、本書はフロイトやユングと並ぶオーストリアの精神科医アドラー博士の理論をもとにしています。アドラー心理学は実践の心理学ですから、子育てに非常に大きな力を発揮します。

子どもの夢を小さく押し込めずに広げてあげられたら、その子は未来へ向けてあきらめずに進んでいくことができます。そして、ぐんと大きく伸びるはずです。子どもが自分の道を切り拓けるかどうかは、実は知力でも学歴でもなく、「夢が持てるかどうか」にかかっているのです。

アドラー博士が教える

子どもの「あきらめない心」を育てる本

目次

1章 子どもの〝わくわく心〟をくすぐる8つの聞き方 ……47

2章　「がまんできる力」が子どもの才能を引き出す

3章 「自分からやる子」に変わる魔法の習慣 ……99

4章 「ほめる」よりはるかに子どもの心を動かすこの体験 …… 127

5章 気持ちを前向きにする会話 知らずにへこませている会話……163

カバーイラスト　ウマカケバ　クミコ

序章

“頭がいい子”より“あきらめない子”が大きく伸びる理由

Instilling enthusiasm inspiring and broadening their dreams

1

「こうなりたい」という夢がある子はあきらめない

夢があれば、人はがんばれるものです。

夢が実現するように、粘って努力することもできます。少々難しそうでもあきらめないで、挑戦してみようという気になります。たとえば「Jリーグの選手になれたらいいなあ」という夢を持っている子どもは、少年サッカーのチームで少々練習がきつくても、へこたれないでしょう。

遠い将来の夢でなくてもいいのです。たとえば私の子ども時代などは、多くの少年が「野球のグローブがほしいなあ」なんてことを夢見ていました。今では小学生だって何万円もする革のグローブを持っていますが、当時は、ふつうの家庭ではとても買えるものではありませんでした。私は父親の古い外套《がいとう》を解体して自分で縫って、一生懸命グローブをつくったものです。苦労の末にできあがって、そのグローブで野球をやったときは本当にうれしかった。今でも、その苦労と、そのあとの喜びを身体が覚えているわけです。

「こんなことができたらなぁ」「いつかこうなりたいなぁ」という夢を持っている子どもというのは、目がキラキラしています。苦労して夢に一歩近づいた体験は、その後に生きていくための大きな力になります。

ところが今の子どもたちは、物質的に満たされている分、身近な夢を持ちにくくなっています。「こうなれたらいいなぁ」という夢の代わりに、「友だちに嫌われたらどうしよう」といった悩みのほうが前面に出ているのです。

夢がないと、どうなるでしょうか。

自分の未来にわくわくすることができません。周囲を気にして、周囲に合わせて生きるしかなくなります。苦労を避けて、楽なほうを選ぼうとします。だから、ちょっとした困難に突き当たるとすぐにあきらめてしまい、自分の力を伸ばすことができません。傷つくことや、失敗することを恐れます。……これが、今の多くの子どもたちの姿です。

それならば、たとえばグローブを買ってあげずに自分で手作りさせればいいのかといったら、そういうわけにはいかないでしょう。かつてとは子どもを取り巻く社会そのものが変わっているわけです。では、どうしたら？　ということを考えていきましょう。

2 前向きな気持ちを引き出す親の法則

アドラー心理学では、「人は未来の『目的』に引っ張られて生きるのだ」という考え方をします。過去がこうだったから現在がこうなのだ、という因果論は採用しません。

簡単に言えば、こういうことです。ある若者が、お昼時になると、決まって角の蕎麦屋《そば》へ行く。それは、お腹がすいたから（原因）ではなく、蕎麦屋にきれいなお嬢さんがいるから（目的）なのです。

実際に、人の行動というのは八割方が、そういうことなのです。

この考え方は、子育てにとても役立ちます。たとえば、子どもが、

「学校へ行きたくない」

と言い出したとき、「どうして行きたくないの！」と原因を追及すると、たとえば「いじめる子がクラスにいるから悪いのだ」とか、「先生がしっかりしていないからいけない

のだ」とか、果ては「この子に根性がないのだ」「それはお父さんに似たからだ」なんていうことになったりします。

過去を突き詰めるより大事なのは、未来のこと。その子自身が「これからどうしたいか」「どう行動するか」ではないでしょうか。

そこで、学校に行きたくない〝原因〟ではなく、〝目的〟に目を向けてみるとどうでしょう。

子どもは「いじめから自分を守るために」学校に行かないという行動を選ぼうとしているのかもしれません。だとしたら、その目的をかなえるのに、ほかの方法はないか、親の経験や情報をもとにして子どもを応援してあげることができるでしょう。

あるいは、「いろいろ周囲に気を遣って疲れたので、休みをとる」ことが目的かもしれないし、学校に行くよりも気になることがあるのかもしれません。子ども自身の未来の目的をかなえるために、どんな応援ができるだろうか、と考えることができるわけです。

3 子どもが持つ素晴らしい能力を高めるために大切なこと

では、子どもの「これからどうしたいか」という未来への前向きな想いを応援するために、親は何ができるのでしょうか。

前の項でふれたように、「親が子どもに夢を持たせれば、子どもは夢のある子になる」という因果論ではないのです。

親ができるのは、夢を与えたり持たせることではなく、子どもが持っている夢を引き出したり、子どもの夢に手を貸してあげること。

実は、誰だってもともと夢を持っています。夢を持つというのは、「こうなりたいなあ」という未来に向かって生きること。どんな人でも、生きている限り未来への思いは多少なりともあるのです。それを自覚して夢に向かって行動できるか、自覚せずになんとなく生きているかの違いです。

多くの大人は、自分の夢に気づかなかったり、どうせ無理だとあきらめたりしているのです。そのために、夢を持った生き方ができなくなっています。

けれど、子どもが小さいうちは、必ず自分の夢を言葉にするものです。電車が大好きだから運転手さんになりたいとか、ケーキが好きだからお菓子屋さんになるなどと言ったりします。ウルトラマンになりたい、なんて言う子どももいます。年齢に応じてそれぞれ夢もさまざまにふくらんでいくはずが、なぜかしぼんで消えていってしまうことがあるのが問題です。

数十年前だったら、小学校高学年の子どもだって、目を輝かせて「なりたいもの」を熱心にあげたものです。総理大臣になりたいとか、学者になってノーベル賞をとるなんて威勢のいいことをたくさんの子が口にしていました。けれど、最近では子どもが夢を語れる時間が短くなっているようです。

子どもの夢は、大人から見れば現実的でなかったり、大して立派なものに感じられなかったりするかもしれません。

つい、子どもの思いを否定したり、早く現実を教え込もうとしたり、親の基準を押しつけることで、せっかくの夢をしぼませてしまうことのほうが多いのです。

4 〝ニート〟や〝ひきこもり〟と夢の持ち方との意外な関係

働くでもなく、進学するでもなく、毎日をぶらぶらしている〝ニート〟の若者は、自分の夢を育てられずにいる典型だと思います。これは「はじめに」にも書いたとおりです。

一方、フリーターの場合は、「やりたいことがあるから」就職せずにアルバイトでお金を稼いだり、「本当にやりたいことが見つかるまで」職を転々としたりと、いろいろ「やりたいこと」にこだわっているようです。こだわるのはいいのですが、夢に近づく行動の手がかりがなかなかつかめずにいると、単なる夢物語に終わってしまう危険性もあります。

夢は、思い描いているだけでなく、具体的で身近な目標を設定して動き出すための知恵や行動力が必要なのです。

では、同じように、このところ問題になって久しい〝ひきこもり〟についてはどうでしょうか。彼らは、決して夢がないわけではありません。

よくよく話を聞いてみると、たとえば世界中に認められるようなすごい人間になれたら、とか、欠点をすべてなくして周りの人全員に好かれたいと願っていたりします。人とつながりたいという切実な夢を持っているわけです。

けれど、それが自分の現実とあまりにかけ離れていて、「そうなれない自分はダメだ。恥をかくんじゃないか。嫌われるんじゃないか。傷つくんじゃないか」と恐れていたりするのです。

私がカウンセリングをしていたある少年も、「みんなに好きになってほしい」という夢を持っていました。でも、好きになってもらえるような自分だとは思えないため、外へ出られなかったのです。

「みんなに好きになってもらうのは、いいことだよね。それなら、まず何からやろうか。髪の毛があんまりボサボサだと、好きになってもらう最初のところが難しいかもしれないなあ。じゃあ、床屋さんに行って髪の毛でも切ろうか」

カウンセリングの中でそんな話をするうちに、彼は実際に床屋さんに行き、それをきっかけに少しずつ外へ出て行くようになりました。

どんな大きな夢にも、「第一歩」があります。

夢を持つことが上手な人というのは、心の中で夢を描くだけでなく、そこに少しでも近づくための行動ができる人なのです。そうでなければ、心の中の夢と、自分を取り巻く現実とのギャップに追いつめられてしまいます。

子どもの夢を応援することは、夢を行動につなげるように応援することでもあります。

5　子どもの夢を広げる会話、しぼませる会話

ここから、少し具体的な話に入りましょう。

子どもの夢をしぼませてしまう親の態度と、子どもの夢を応援する親の態度。その違いは何か、ということです。

サッカーが大好きな子どもが、お母さんにこう言ったとします。

「僕、大きくなったらJリーグの選手になるんだ！」

「あんたは足が遅いから無理じゃないの？　お父さんだって運動神経よくないし」

確かに、大人の判断としては、それが正しいかもしれません。けれど、正しいからいいというものでもないのです。

あるいは、テレビの歌番組を観ている子どもが、あこがれの目でこう言います。

「私も歌手になって、こんなふうにテレビに出たいなあ」

お父さんはつい心配になって、こんな釘をさしたりします。

「芸能界なんて大変なんだよ。テレビを観てるだけだとわからないけど、おまえも大きくなるとわかるよ」

確かに大人は、子どもよりも経験や情報があり、現実を知っています。けれど、大人が知っている「現実」に照らして子どもの夢を判断すると、子どもの夢はとたんに小さくなってしまうのです。

どちらにしたって、子どもはいずれ成長して現実に直面します。自分の望んでいる夢を実現するには、たくさんの困難があることに気づくでしょう。あるいは、あこがれの職業だって素敵なことばかりでなく、つらい面もあるんだと知るかもしれません。

そのときに、「私なんかダメなんだ」「どうせ僕には無理だ」と考えるか、困難を克服しようとしたり、別の新しい夢をつかむことができるか……。それが生き方の大きな差となります。

小さい頃から現実を言い聞かされた子どもは、夢を広げる力が育たずに、現実の前でペシャンとへこんでしまいやすいのです。

では、子どもの夢を応援するような親の態度とは?

会話の例をあげてみましょう。

子「野球選手になって、イチローみたいに大リーグに行くんだ！」
親「そうか、なれたらいいねえ。……どんなふうにやったら、なれるのかなあ」
子「大リーグに行くには、最初に日本のプロ野球の選手になるんだよ。お母さん、知らないの？　イチローはオリックスの選手だったんだから」
親「なるほど、そうだねえ。じゃあ、プロ野球の選手になるには、どうしたらいいのかなあ」
子「野球がすごくうまくなる。それで甲子園で活躍するんだ」
親「うんうん。それにはどうしたらいいのかな」
子「野球が強い学校に入る」
親「そうか。それにはどうするんだろう」
子「今からいっぱい練習して、まず少年野球のレギュラーになるんだ。僕、一日一〇〇本ノックの練習をする！」
親「そうか、そんなふうにやるといいかもしれないね」

ここでは、子どもの夢が実現可能かどうかの判断はせずに、「なれたらいいねえ」と、まず夢を共有しています。

そのあとで、「どんなふうにやったら、なれるのかなあ」と投げかけることで、子どもなりの考えを引き出しています。そのなかで、子どもは「プロ野球の選手」「甲子園」「少年野球のレギュラー」など、夢に近づくための目標に気づいているのです。そして最後は「一日一〇〇本ノックの練習をする」という具体的な行動に結びついています。

もちろん、こんなふうに具体的に話が進むとは限りません。

夢の中身や子どもの年齢や状況で会話は違ってくるでしょうが、夢がどうやったら実現するのかをめぐって楽しく会話することは、子どもの「未来に向けて生きる力」を引き出すのです。

もうひとつ例をあげましょう。

子「私ね、女優さんになりたいんだ」

親「女優さんは素敵だねえ。……どんな女優さんになりたいのかな」

子「えーとね、踊ったり歌ったりすることもできて、楽しい劇ができる女優さん！　このあいだ観た劇の人みたいに。大きくなったら、私もあの劇に出たい」
親「そうか。出られるといいねえ」

自分の夢を認めてもらえた、親も一緒に夢を楽しんでくれた……そんな体験は、子どもが夢を持ち続ける力となります。

「どんな女優さんになりたいのかな」と問いかけることで、子どもはイメージをふくらませて、夢をさらに具体化しているのです。

6 親の期待の上手な伝え方

「あなたはいっぱい勉強して、お父さんのあとを継いでお医者さんになるのよ」

こんなふうに、親が子どもに夢を押しつけてしまう場合があります。

ここまではっきり言葉にしないまでも、結果的に押しつけが行われることも多いのです。子どもが望んでいることには関心を向けずに、とにかくいい成績を取って、いい学校に行くのがいいのだと、親が決めてかかっている場合などです。

親の夢に子どもを押し込めようとすると、子どもは夢を育てにくくなります。

「僕ね、ゲームの会社で働きたいなあ」

と言う子どもに対して、

「今から言っておくけどね、とにかく公務員にしなさい。公務員っていうのはね、お父さんみたいにリストラの心配しなくてすむんだから」

……そんなふうに教え込もうとすると、夢を大切にできなくなってしまうのです。

いずれどんな職業を選ぶにしても、夢を持って仕事ができることが成功のカギです。だから、たとえばこんなふうに聞いてみたらどうでしょう。

子「ゲームの会社で働きたいなあ」
親「ゲームの会社か。おもしろそうだねえ。そこでどんな仕事をするのかな」
子「おもしろいゲームをいっぱい考えるんだ！」
親「へえ。どんなゲームかなあ」
子「あのねえ……それからね……」
親「それはすごいなあ。そんなに思いつくんだったら、ゲームの会社の社長さんになれるかもしれないね」
子「うん。社長さんでもいいなあ。そうしたら、みんなと一緒に、世界一おもしろいゲームを考えるんだ」

親が興味を示してくれたことをきっかけに、子どもは自分のイメージをさらにふくらませて、夢を広げていくことができます。

ところで、親は「子どもがこうなってくれたらいいなあ」とさまざまな期待を持つものです。

これはもちろんいけないことではありません。それどころか、子どもに期待を寄せることは、子どもの力を引き出します。親に何も期待されずに、「まあ好きなようにしていればいいよ」というのでは、子どもは力が出ません。

では、期待するのと、押しつけるのとは、どう違うのでしょうか。次の言葉を、冒頭の発言「お医者さんになるのよ」と比べてみてください。


「お母さん、あなたがいっぱい勉強して、お父さんみたいな立派なお医者さんになってくれたらうれしいなあ」


これだったら、お母さんの期待を言葉にしているわけで、子どもに何かを押しつけていることにはなりません。

世の中には、親が鍛えたからこそ子どもがここまで伸びた、という例もあるにはあります。イチロー選手は父親が熱心に野球の練習をさせたし、バイオリニストの五島みどりさんも母親の教育があってこそ、あそこまでいったのでしょう。

それは、「こうなってくれたらうれしいなあ」という親の期待と、「こうなりたい」という子どもの夢が、たまたま一致したからです。

これはむしろ稀《まれ》なことです。けれども夢が一致しなくても、親の期待をさまざまな形で伝えていくことはできます。

たとえば、どんな分野にしろ、「ほかの人の役に立つような仕事をしてほしい」「一生けんめいやるのが大事だと思うよ」「責任を持って最後までやれるといいね」「自分だけじゃなく、周りの人も幸せにできるといいね」などです。

7 現実を「教える」より「体験させる」

ある小学生の女の子が、いつも通る駅前通りのお花屋さんの店先に飾ってあるブーケに夢中になって、「お花屋さんになりたい!」と話していました。そこで、お母さんがお花屋さんの友人の紹介で、小学校の夏休みに半日お店を手伝わせてもらいながら、いろいろ話を聞いてくることになったのです。

その子は、とても張り切って出かけていきました。ところが、ちょっぴりしょげて帰ってきたそうです。

そのあとの会話を聞いてみましょう。

子「お母さん、お花屋さんになるには、虫が平気じゃないとダメだし、冬には手がすごく荒れちゃうんだよ……」

親「そうか。大変なこともあるんだね。でも、その二つだけ大丈夫になれば、お花屋さんになれるんだね！　大人になるまでに大丈夫になるかもしれないねえ」

親が現実を言い聞かせようとすることと、子ども自身が実際に「現実に触れる」こととは別です。現実に触れることは、子どもにとって夢と上手につきあっていくための力になります。

この女の子は、現実に触れたことで二つの困難に気づきました。この二つを克服することが目標になるかもしれません。あるいは、しばらくすると別のものに夢中になるかもしれません。いずれにしても、「きれいに見える仕事だって、実際には大変なこともある」とわかったことは、とても大切な体験です。

もうひとつエピソードを紹介しておきましょう。

保育士さんになりたいというので、かつて自分が通った保育園で「無料体験アルバイト」をさせてもらった小学生がいます。

「二時間でへとへとだよ。お昼寝してくれてホッとした……。子どもの相手って、ほんと疲れるぅ！」

ませたことを言いながら、本当にぐったりとへたりこんだとか。でも、その子は翌日も元気に出かけていきました。

「あの子たちが待ってるから！」

こうして一週間がんばって通い、その様子を夏休みの自由研究にまとめました。

お母さんによると、一人っ子で甘えん坊だったのが、この「保育園アルバイト」ですっかり成長して見えたとか。このときの自由研究は、その子が大学で保育を学んでいる今でも大事な宝物だそうです。

近頃は学校でも、さまざまな「職業体験」が取り入れられているようですが、単にプログラムとしてやらせるのでなく、子どもが本当に興味のある分野で「本物」を体験することができたなら、とても大きな意味があると思います。

8 「言い方」ではなく「関心の向け方」を変えてみる

本書には、ここまで紹介してきたような親子の会話が、あちこちで登場します。

ただし、そっくりそのままの言い方をすることが大事なのではありません。

肝心なのは「関心の向け方」です。

かつて私は『こんなひと言で子どものやる気は育つ』という本を書きました。今でもおかげさまでたくさんの方が読んでくださっていて、講演などでその感想を聞かせていただく機会があります。

その本の中で、「早くしなさい！」と子どもを叱る代わりに「早くできたね」と認めてあげる方法を提案したところ、「今まで毎日叱っていたのに、やり方を変えたらすごく楽になりました。目からうろこが落ちました！」と、多くのお母さん方がおっしゃるのです。

なぜ「目からうろこ」なのかというと、単に新しい言い方を覚えたからではないと思います。新しいやり方が効果を上げたのは、子どもへの関心の向け方を変えることができたからなのです。

子育てに一生けんめいになっているお母さんほど、ついつい子どもの「できない」ところが目について、なんとか直そうとするものです。そのために、

「何をぐずぐずしているの！　早くしなさい」

「またこんなに散らかして！　さっさと片づけなさい」

「すぐあきちゃうんだから！　もっとがんばりなさい」

なんて言ってしまいます。

子どもにとっては、こう言い聞かされているのと同じことになります。

自分はしょっちゅう「ぐずぐずして」いて、「散らかして」ばかりいて、「すぐあきてしまう」んだと。自分では早くしようとしたつもりなのに、親の基準から見たらまだまだですから、やっぱり叱られてしまうのです。そして、自分はできないんだと思い込んでしまいます。

逆に、できたことに注目したらどうでしょう。

「今日はちょっぴり早くできたね。ちゃんと間に合ってよかったね」

「昨日よりきれいになってるねえ」

「ここまでがんばれたね。あと少しだね！」


こんなふうに、喜んだり、できたことを認めてあげるのです。すると、子どもは「こうやればいいいんだ」とわかるし、もっと認めてほしいと張り切るものです。

「明日はもっと早くしたいな」「もっときれいにしよう」「もう少しがんばろう」と、行動につながっていきます。

この本でも、さまざまなシーンや会話が登場します。

たとえば「せっかく連れてきてあげたのに、どうしてつまらなそうにしているの！」なんて叱る代わりに「一番楽しいのが一〇点だとしたら、今日は何点ぐらいかなあ？」と聞くようなやり方です。

このセリフをそのまま言えばいい、ということではありません。

言い方は人それぞれでいいし、どういう言い方が正しいということではないのです。

大切なのは、子ども自身に関心を向けること。

となのです。

「親の理想とする子ども」ではなく、「目の前にいる子ども」にしっかり目を向けること

子どもは決して親の思う通りにはなりません。別の人間なのですから当然です。そこで「どうしてそうなの！」と叱ったり、親の理想や基準で評価する代わりに、目の前にいる子どもが何を感じているか、何のためにどうしようとしているのか、に注目するのです。

そうやって関心を向けてもらうことで、子どもは、自分を大切にすることや、自分の夢を大切にすることを学習できるのです。

9 子どもの「やりたいこと」が見つかる小さなきっかけ

「うちの子は、特になりたいものとか、ないみたいなんです……」

こう言って気にするお母さんもいます。

夢というのは、べつに「なりたいもの」に限ったことではないのです。ものすごくおいしい料理がつくれるようになりたい、いつか外国で暮らしてみたい、図鑑に載っていた昆虫をこの目で見てみたい、たくさんの人と友だちになりたい、相撲大会で優勝したい、地球の自然を守りたい……。

子どもは日々、いろいろなことに夢中になったり、興味を感じたりしています。親が子どもの心の動きに関心を向けていれば、子どもが自分の夢に気づいたり、夢を育てていくきっかけをつくりやすくなります。

そのための、10の問いかけをあげておきましょう。

①「何をしているときが一番楽しい？」
②「どんなことに夢中になれる？」
③「一番大事にしている物は？」
④「やってみたいなと思うのはどんなこと？」
⑤「できてうれしかったのは、どんなこと？」
⑥「できなくてくやしかったのは、どんなこと？」
⑦「何ができるようになったら、うれしい？」
⑧「今までで一番楽しかった思い出は？」
⑨「世の中にあったら、素敵だと思うものは？」
⑩「大人になったら、何がしたい？」

質問を手がかりに、子どもと会話してみるのもいいでしょう。たとえば……。

親「何をやってるときが一番楽しい？」

子「マンガ読んでるとき！」
親「じゃあ、漫画家になるのもいいかもねえ」

こんなふうに言ってみることは、子どもが自分の楽しみと将来の夢とをつなげるきっかけになるかもしれません。

親「あなたの一番大事なものって何？」
子「児童館で作ったビーズのブレスレット！　ビーズ編みの会、またやるといいなあ」
親「じゃあ、ビーズ編みの先生が書いた本もあるけど、買って自分でやってみる？」
子「うん！　やりたい！……ねえ、お母さん、ビーズ編みの先生っているの？　学校の先生みたいに教えるの？」
親「教えたり、新しいのをつくってお店で売ったり本を書いたりするのかなあ。そういう先生になりたい？」

こんな会話をきっかけに、子どもはあこがれの職業を発見するかもしれません。自分が素敵だなあと思うものを増やしながら、それを仕事にしていく生き方があると知ることができるのです。

親「君が今までで一番くやしかったことって？」
子「空手の区大会で負けちゃったことだよ。相手が白帯だからって油断しちゃったんだ」
親「そうか、油断するといけないってわかったのは、いいことだよね」
子「先生に言われたんだ。先生はすごいよね」
親「先生みたいになりたいの？」
子「うん！　なりたいなあ。それでね、空手がオリンピックの種目になったら、出られるといいなあ。いつかなるって先生が言ってたもん」
親「へえ！　そうなるといいねえ」

くやしい思いをするというのは、子どもがそれだけ力を入れて大事にしている分野だからこそです。その失敗について話し合う中で、子どもはさまざまなことを学んだり、発見することができます。本当はどうしたかったのか、今度はどうしたらいいのかに気づいたり、この会話のように夢の発見につながる場合もあるのです。

親「もしも世の中にあったら素敵だなあって思うもの、何？」
子「ええとね、お母さんがつくったカレーとか天ぷらをファックスみたいに送る機械！
　そういうのがあれば、タンシンフニンのお父さんに送って一緒に食べられるでしょ」
親「なるほど！　あったら便利だねえ。いいことを思いつくね」
子「ほかにも思いつくよ。捨てるゴミをおもちゃに変える機械もいいでしょう？」
親「本当だ。大きくなったらそういうのを発明したらいいかもね」

この会話の中では、子どもが「誰かの役に立つこと」について夢を広げています。小さい子どもはみんな独創性にあふれています。大人の目から見ると突飛に感じるような思いつきでも、親が子どもの思いつきを喜んであげることで、子どもはクリエイティブな力を伸ばしていくことができるのです。

親「大人になったら何がしたい？」

子「うーん……。あのゲームみたいにさ、星を回って悪いやつを退治できたらいいな。星を爆破しようとしたりする、ああいうやつ、許せない」
親「悪いやつをやっつけたいんだね。そういう仕事って、何があるのかな」
子「けいさつ?」
親「そうだね。それから、検察っていう仕事もあるの、知ってる?」
子「それ、どんなの? かっこいいの?」
親「犯罪の証拠を調べたりするんだよ。かっこいいかもしれないね」

この会話でも、新しい職業が登場することで、子どもの夢の選択肢が広がっています。

ここまであげてきたように、子どもが好きなことや、望んでいることに関心を向けて会話することは夢の応援になります。子どもはその中で、こういうことに自分はわくわくするんだ、と発見することができます。それが大人になった自分のイメージにつながったりもします。

ただし、くれぐれも調書を取るみたいに質問しないこと。

「さあ、今から大事なことを聞くからね。ちゃんと答えなさい!」

なんて怖い顔をして子どもに迫ってはいけません。

自然な機会をとらえて、お母さんも会話を楽しめばいいのです。

「好きなもの、わかんない」

「そうか。でも一個だけわかったね」

「なに？　何がわかったの？」

「自分が好きなものがわからないっていうことが、わかったねえ。おもしろいね」

そんなふうに言ってあげてもいいし、

「じゃあ、どんなふうになったら、もうちょっとわかるかなあ」

と投げかけてもいいでしょう。

何よりも大切なのは、親自身がこのような関心を持って子どもに接する、ということ。

目の前にいるわが子は、どんなことが楽しくて、何に興味を持っていて、どんな生き方を望んでいるのか……これがつまり、「子どもの夢に関心を向ける」ということです。

子どもにとって、親が自分の夢に関心を向けてくれるということは、夢を大切にしていく上で何よりの支えになるのです。

アドラー博士の「夢を持てる子」に育てる4原則

①夢を大人の現実で判断しない

子どもが自分で現実を体験することは大切ですが、親が知っている現実を子どもに教え込もうとするのはよくありません。親の基準で子どもの夢を判断しないことです。

②夢を共有する

子どもの夢を喜んであげたり、関心を持ったり、楽しんだりすると、子どもは夢をふくらませていくことができます。

③夢を押しつけない

親の夢を子どもにかなえてもらおうとするのではなく、子ども自身が持っている夢を認めて大切に扱うことが必要です。

④夢を広げる手助けをする

「どうすれば、そうなれるかなあ」「そうなれたら、どんなふうに楽しいのかな」などの問いかけは、子どもが夢を広げ、未来をつくっていく力を引き出します。

1章

子どもの“わくわく心”をくすぐる8つの聞き方

Instilling enthusiasm inspiring and broadening their dreams

10 こんな質問で、「つまんない」が「楽しい」に変わる

「むかしむかし、あるところに……」

こんなふうにお母さんが子どもにお話を読んで聞かせる光景は、かつてより減っているのかもしれません。

小学校低学年ぐらいまでは、ぜひ読み聞かせをしてあげるといいのです。

そのときに、ちょっとひと工夫を。

「今日はここまでね。続きは明日読むけど、これからこのお話、どうなるかなあ？」

ときどき子どもに投げかけてみます。小さい子どもほど空想する力にあふれていますから、どんどん自分の物語を作っていくはずです。子どもの中にあるファンタジーを引き出してあげるのです。

そんな投げかけの例を、いくつかあげておきましょう。

「続きはどうなると思う？」
「どうなったらいいなあと思う？」
「君だったら、どうするかなあ？」
「主人公は、どんな気持ちなのかなあ？」

国語のテストではないのですから、きちんと答えさせなければ、なんて思わないでください。子どもがお話に夢中になっているときに、さらに楽しめるよう、空想を広げるのに手を貸してあげるのです。

いい答え、よくない答えというのもありません。

「そうか、そんなふうに考えるんだね」と、子どもが思いついたことを喜んであげればいいのです。

次の日に続きを読んだら、

「昨日思ったのと、ちょっと違ったねえ」

それもまた楽しいものです。

読み聞かせに限らず、たとえば子どもが気に入っているテレビの連続ものアニメやドラマなどでも、「どうなるかなあ」と一緒に想像してみるのもいいでしょう。

最近の若い人は独創性がないと、よく言われます。もともと日本人はモノマネばかりの文化だなんて酷評する人もいます。けれども、小さい子どもたちは、みんな独創的です。

ファンタジーを味わう時間をゆっくりとってあげたらいいなあと思います。

こんなに小さい頃からひらがなが書けるとか、ABCが言えるとか、数が数えられるとか、果ては計算のドリルができるなんていう子どももいます。それはそれで素晴らしいけれども、知識や技能を教え込むだけでなく、その子の中から生まれてくるものを上手に引き出してあげてほしいのです。

つまり、わくわくを引き出す、ということです。

「どうなると思う？」

こんなひと言をきっかけに、こうなったらいいなと、こんなことだって起きるかもしれないな、でもこうなったら悲しいな、とイメージを広げてみること……それは「想像力」を養うことでもあるし、自分なりのストーリーをつくりあげる「創造力」をみがいていくことでもあるのです。

「そんなこと、起こるわけないよ。だって考えてごらん」

なんて言わずに、子どもの発想を楽しめばいいのです。

子どもは、自分が好きな主人公に幸せになってほしいと願うもの。その主人公になったつもりであれこれ考えてみることは、相手の身になって、相手の立場を理解することにもつながります。

物事はひとつに決まっているのではなく、その人の行動や考え方次第でいろいろな結末があることも、子どもは自然と学んでいくでしょう。

未来の可能性は無数にある、ということです。

11 ゲームでしか遊ばない子にはこの手

子どもが一生けんめい勉強したり、友だちと活発に遊んだり、さまざまなことに関心を持って熱心に取り組んでいたりすると、親はうれしくなるものです。

逆に、毎日ゲームにばかりかじりついていたら、これでいいのかなと心配になってくるでしょう。家に帰ったとたんにゲーム、オヤツを食べるとゲーム、友だちが遊びに来たと思ったら、一人ずつ別々に黙々とゲームをしているだけ……。

「そんなにゲームばっかりしてないで、勉強しなさい」

「たまには外へ行って遊んだらいいじゃないの」

「何か、もっとおもしろいことをしたらどうなの？」

けれども、子どもがゲームばかりしているとしたら、その子にとってゲームが一番おもしろいのです。勉強のほうがおもしろい、なんていう子どもはめったにいないし、ゲームよりおもしろい遊びができる子どもというのは、残念ながら少なくなっています。外での遊び場も減っているのが現実です。

ゲームばかりして、と叱ったり、無理に別のことをさせようとする前に、どのぐらいゲームがおもしろいのか、どんなところがおもしろいのか、親も一緒にやってみるといいかもしれません。

子どもが夢中になっているものを、

「そんなの、どこが楽しいの！」

なんて切り捨てるのはよくありません。むしろ、こんなふうに言葉をかけてみるのはどうでしょうか。

「そのゲーム、すごくおもしろいんだね」
「どんなところが好きなの？」

こうやって聞いてみたり、一緒にやってみると、その子がどんなところに興味を感じているのか、なぜ夢中になっているのかが、見えてくることも多いものです。

ある男の子の話をしておきましょう。

その子は小学生のときに不登校になって私のところに通っていました。聞いてみると、ゲームが大好きなのです。どんなゲームが好きなの、と聞くと、三国志のロールプレイングゲームがすごくおもしろいんだと話します。

攻略本も買って研究しているけれども、わからない漢字がしょっちゅう出てくるんだというので、一緒に辞書で調べる練習をしました。その子は一生けんめい辞書を引いて、攻略本にふりがなを振り、ゲームも見事クリアしたのです。

「先生、三国志っておもしろいね」

「うん。あれはおもしろいよ」

という話をしたのがきっかけで、子ども向けダイジェスト版の『三国志』を読むことになりました。読み終えて楽しかったけれども、「ゲームのほうがもっと進んでるよ」と、ちょっぴり不満そうです。もっとちゃんとしたのを読みたい、ということになり、吉川英治の『三国志』に挑戦して、なんと八巻を読破しました。中学に通う頃には、読書と歴史で強みを発揮するようになったのです。

ゲームは確かに楽しいもの。ただし、本物をまねた「手軽な楽しみ」です。世界はより単純に描かれ、人の感情も単純化され、主人公が一度死んでも、またやり直せます。

ゲームが好きだとしたら、それを入り口にして本物にふれることができるように工夫してチャンスをつくってみたらどうでしょうか。

たとえばレースのゲームに夢中になっているなら、本物のレースを見せてあげるといいかもしれません。釣りのゲームだったら、お父さんと一緒に釣りに出かけたらさらに楽しいでしょう。

子どもの楽しみを否定するのではなく、さらに楽しいことへの感性をみがく手助けをしてあげるのです。

12 子どもから「おもしろいこと」を見つけ始めるこの聞き方

小さな子どもを連れて出かけると、お母さんも大変です。

どこかに出かけるたびに、静かにしなさい、もっと行儀よくね、と注意を繰り返し、ちょろちょろして迷子にならないかと心配したり、トイレは大丈夫かと気をもんだり……帰り道にはグッタリ、なんてことも多いでしょう。

でも、こんなひと言をかける余裕も忘れないでほしいのです。


「今日はどこが楽しかった？」

「何がおもしろかったかなあ？」

「お母さんは、こんなところがよかったなあ。おまえはどう？」

何か新しい体験をするたびに、喜びを子どもに確認しておくのです。

ちょっとしたことでもいいから、よかったなあ、という気持ちをお互いに言葉にしてみましょう。

ただし、「今日楽しかったことをちゃんと言いなさい」みたいに問い詰めるのはいけません。子どもの楽しみを「発見する」つもりで、あくまでお母さんも楽しそうな表情で、聞いてみてください。

「行ってみて、思ってたのと、どこが違った？」

これも、新しい発見です。

「思ってたより、つまんなかった」

たまにはそれだって、いいではありませんか。

「じゃあ、その中でも、何かめずらしいこととか、おもしろいことは見つかった？」

こんなふうに引き出してあげるのもいいでしょう。

13 わくわく心がどんどん育つ「今日の楽しさは何点？」ゲーム

子どもの夢が育っていくためには、さまざまな体験ができたほうがいいのです。

そして、お手軽版ではなく、本物に触れたほうがいいのです。

……これは、よく言われること。たとえば美術館で絵画を見るのもいいし、キャンプなど自然の中で過ごすのもいいし、オーケストラを聴きに行くのもいいでしょう。

ただし問題は、子ども自身が「楽しいかどうか」です。

親が「体験させよう」と場所を用意したからといって、子ども自身が、すごいな、おもしろいな、と心が動かないまま、ただその場にいるだけだとしたら、「体験した」とは言えないわけです。

子どもを水族館に連れて行ったとします。

「わあ、このサメは大きいねえ！」

「お母さん、クラゲって光るんだね！」

「見て！　この魚、みんなで遠足してるみたい！」

そんなふうに目を輝かせて喜ぶ場合もあります。これなら連れて行った親も満足でしょう。


でも、いつもそうとは限りません。黙ってついて歩いているだけかもしれません。

「どうしたの？　せっかくいろんなお魚がいるのに、見ないの？　つまらないの？」

「せっかくここまで連れてきたのに、お母さん、がっかりしちゃったよ」

そんな非難がましいことを言わなくても、子どもは意外なことに興味を感じている場合もあるのです。たとえば次のように、それを引き出せることがあります。

親「どうかなあ？　何かおもしろいもの、見つかった？」
子「あそこのお姉ちゃん、すごい大きな口あけてゲラゲラって笑ってた」
親「そうか。魚より人間のほうがおもしろいもんね」

「そんなことより魚を見なさい」なんて強制しなくていいではありませんか。子どもにとって興味のあることを一緒に楽しめばいいのです。

「さっきの階段、うちのや学校のと違うよ！　だって、グルグル回ってたもん。もう一回あの階段のぼってきてもいい？」

これだって、親が期待したのとは別のところですが、子どもはらせん階段って楽しいなと発見しているわけです。

なかには、こんな場合もあるでしょう。

「つまんないや、こんなところ……」

「そんなこと言うなら、もう連れてこないからね！」

がっかりするあまり、親が感情的になって子どもに怒りをぶつけてしまうのです。

それよりは、深呼吸でもして気持ちを静めてから、ちょっと工夫したらどうでしょうか。ジュースでも飲んでひと息入れながらでもいいし、あるいは家に帰ってからでも、こんなやりとりをするといいのです。

親「もし、一番おもしろいのが一〇〇点だとしたら、今日の水族館は何点ぐらいかなあ」

子「三点ぐらい……」

親「おもしろかった三点って、どのへんかな？」
子「うーん、ヒトデにさわったこと。そうだ、タカアシガニも、宇宙人みたいでちょっとおもしろかった」
親「そうか。けっこうおもしろいもの、見つけたねえ。じゃあ、どんなふうだったら、七点とか八点になったかなあ」
子「あのね、お父さんも一緒に行けたら九点ぐらいになったよ」

一〇点のうち何点？　という問いかけには、子どもなりに熱心に答えるものです。自分の感覚に親が関心を持ってくれるのは、うれしいことだからです。

「なんでたったの二点なの？　どこがそんなにつまらなかったの？」

なんて言わずに、おもしろかった二点の分を聞くといいのです。

どこが違ったらおもしろかったかを聞いて、わからない、と答えることもあるかもしれないし、何か出てくる場合もあります。

「魚よりも飛行機が見たいんだもん」

と子どもは言うかもしれないし、お兄ちゃんは水族館が楽しかったけれど、弟はアニメの映画が観たかった、ということもあるかもしれません。

「じゃあ、今度出かけるときには、そんなふうにできるかなあ」

と言ってあげればいいのです。

子どもが何か不満そうなときも、

「一番楽しいのが一〇点だとしたら、今日は何点ぐらい?」

と聞く方法は使えます。これは子どもにとって、物事のいい点を見つけることと、もっとよくする方法を考えること、という二つの手段を身につける練習になるのです。

14 「どうしてやりたくないの」と叱らずにすむ方法

あるお母さんに、結婚したばかりの妹がいて、その妹が夫の仕事の都合でシンガポールに住んでいます。冬休みに家族で訪ねて行こう、ということになりました。ところが子どもは「行きたくない」と言うのです。友だちの家族から一泊でスキーに行こうと誘われていて、そのほうが楽しそうだからと。

こんなときは、どうしたらいいでしょう。

「スキーはいつでも行けるでしょ。せっかくエリコおばさんが、いらっしゃいって言ってくれたんだし、パパもちょうど今だったら都合がいいの。シンガポールだって楽しいよ」

これでは子どもは納得しません。

「せっかく連れて行ってあげるっていってるのに、だったら勝手にしなさい！」

おやおや、まるでケンカを売っているみたいです。

もちろん、最終的には家族全体の都合がありますから、子どもに譲ってもらうことも必要になるでしょうが、まずはもっと情報を与えたらどうでしょうか。大人には外国へ行く楽しさが想像できても、行ったことがない子どもにはわからないからです。

そこで、たとえばこんなふうに情報を与えることもできます。

「シンガポールには、夜に探検できる動物園があるよ。ガイドブックを買ってきたから、ちょっと見て、おもしろそうなところにシールで印をつけてみたらどう?」

子どもが興味を示しそうなこと、ほかにも、島全部が遊園地みたいになっているところがあってロープウェイで行くんだよ、なんて教えてあげるのもいいでしょう。

写真がたくさんあるガイドブックを渡してあげると、子どもは熱心に見て「ここは何をするところだろう?」とわくわくしたり、「これ、なんて書いてあるのか読んで」と言ってくるかもしれません。

インターネットで一緒にあちこち調べてみてもいいし、少し学年が上の子どもならば、一週間滞在する間にどことどこへ行きたい、といった計画を立ててもらうのもいいかもしれません。その計画をもとに家族で話し合ったら楽しいでしょう。

「どんなふうだったら行きたい気持ちになる？」

と聞いてみて、子どもと交渉するのもよい方法です。

「スキーに誘ってくれた友だちが喜んでくれるようなおみやげを探そうか。それで、また今度誘ってね、と言ったらいいかもしれないね」

こんなふうにして、もうひとつの楽しみをあきらめるのではなく、先に延ばすことを教えてあげるのもいいでしょう。

あるいは、もしもお友だちの一家が「うちと一緒にスキーに行って、みんなが帰ってくるまでうちにいたっていいんだよ」と申し出てくれて、子どもがそれを選んだとしたら、それは子ども自身の選択です。しばらく家族と離れて寂しい思いをするかもしれませんが、自分で決めたことだから、それもいい経験になります。

15

子どもの楽しみを否定すると、やる気を失わせる

東京ディズニーランドに連れて行ったら、子どもは地元の小さな遊園地のほうがよかったと言う……。

小学校に入るか入らないかぐらいの年齢だと、そういうこともあるかもしれません。ディズニーランドのほうがおもしろいはず、というのは大人の基準です。

小さい子どもにとっては、大がかりな仕掛けは刺激が強いかもしれないし、パレードは人込みで疲れてしまうかもしれません。大人と子どもで「楽しさ」が食い違うのは当たり前のことなのです。

せっかくハワイに連れて行こうというのに、神社の縁日があるからイヤだと言ったりするかもしれません。

「縁日なんかつまらないじゃないの。ハワイのほうが素敵よ！」

説得したいのはわかりますが、これでは子どもが大事に思っているものを否定することになってしまいます。

楽しい、おもしろい、と自分が感じていることを親が認めてくれないのは悲しいものです。子どものわくわくが否定されたわけですから。

いつも子どもの都合に合わせなさい、ということではありません。大人だって楽しめばいいのです。そして子どもの楽しみも認めてあげる。どちらも楽しくなれるように工夫する。

たとえば、こんなぐあいです。

「あの映画に連れて行ってあげるから、そのあとお母さんがデパートで洋服見るのにつきあってくれるかなあ」

ディズニーランドにしたって、子どもは大人がなんとも思わないような場所で「何だろう?」と足を止めたり、レストランの中を探検するのに夢中になったり、ということがあるかもしれません。

「ほら、そんなことより、早く次の列に並ぶんだから」

そんなことを言わずに、子どもの都合も聞いてあげればいいのです。そして、

「じゃあ、次はお母さんの行きたいところでいい？」

と交渉するのです。

こうやって、それぞれの楽しみを尊重したり、話し合って順番に楽しむことを子どもに教えてあげましょう。

16 「なぜ？」への答え方で、興味と才能を引き出せる

たいていの子どもは、ある時期、「どうして？」「なんで？」を連発します。

「どうして雨が降るの？」

「なんで象はこんなにすごく大きいの？」

あんまり聞かれると、めんどうくさくなったり、どう答えていいやらわからないことも多いでしょう。だから、最初のうちこそ一生けんめい答えていても、やがてこうなりがち。

「お母さんは忙しいからあとで」

「そうやって、なぜなぜばっかり言わないの！」

「雨は降るから降るのよ！」

おやおや……。気持ちはわかりますが、子どもの「なぜ」をこうやって封じ込めてしまうのは、もったいないことです。

好奇心や疑問を持つことは、わくわくを育てていく大切なきっかけです。
べつに一から十まで正確に答えなければ、と思う必要はないのです。逆にあんまり親が熱心に乗り出して子どもがわかる以上のことを教え込もうとすると、子どもは気持ちが冷めてしまったりします。

年齢によりますが、たとえばこんなふうに言ってあげたらどうでしょう。

「そうだよね、雨が降るっておもしろいよねえ。川や海の水があったかい空気と一緒に空に昇っていって雲になってね、寒くなるとみんなでまた下に降りてきたくなるんだって」

何より大切なのは、「なんだか不思議だなあ」というわくわくする気持ちを子どもが持ち続けられること。

それには、「雨が降るっておもしろいよねえ」のように、子どもの「なぜ?」を親が評価して認めてあげるのが一番です。象がすごく大きいのはどうして? という子どもには、まともに理由を答えなくても、

「ほんとだよねえ。象はすごく大きいもんねえ！」

「なんでこんなに大きいか、不思議だよね」

と言ってあげるだけでもいいのです。子どもにとっては、「やっぱりすごいんだ」「やっぱり不思議なことなんだなあ」と、自分の中で確認できます。

そうやって、すごいことが見つかるのは、子どもにとって素敵なことなのです。

「宇宙の一番はじっこって、どうなってるの？」

「どうなっているのかなあ。誰も行ったことないけど、いつかわかったら楽しいねえ」

こんなふうに言ったっていいし、疑問の種類によっては、

「どうしてだろうね？　わかったらお母さんにも教えてほしいなあ」

「よく気がついたね。お母さんも知りたいなあ。今度、一緒に図書館で調べてみる？」

というのも、いい体験になります。

ところでもう少し大きくなると、違った意味での「なぜ」が出てきたりします。

「なんで先生は、すぐ怒るのかなあ」

「あのテレビが終わっちゃうの、なんで!?　おもしろいのにー」

疑問の形をとっていますが、実際は「なぜ」を解明したいのではなく、納得できない気

持ちをわかってほしいのです。先生だって機嫌の悪いときがあるよ、とか、テレビの番組は季節ごとに変わるものなんだよ、なんて言ってもらいたいのではありません。

「先生に怒ってほしくないのかい？」

「あのアニメが終わっちゃうのが残念なんだ？」

こうやって気持ちを言葉で引き出してあげるといいでしょう。

子どもは自分の感情を認めてもらって安心し、自分が何を望んでいるのかを言葉にすることができます。

場合によっては、望みをかなえるためにどうしたらいいかを一緒に考えることもできるでしょう。

17 危険な夢にはどう答えればいいか

十数年前の話です。

「羽をつけたら、ぼくも空を飛べるかなあ」

そうやって一生けんめい考えて絵を描いた子どもがいます。その子のお母さんは、じゃあつくってみようかと言って、子どもの考えを聞きながら、針金や布を使って大きな羽をつくってあげたのです。

子どもはそれをつけて塀《へい》の上から飛んでみました。けれども空を飛べずに落っこちて、あちこちすりむいたそうです。

これはいい体験だと思います。もちろん、二階から飛び降りたのでは大変なことになるでしょうが、大きなケガをしないぐらいの高さであれば、子どもがやってみたいのなら、やらせてあげればいいのです。どのぐらいまでなら大丈夫かどうか、そこは大人の判断です。

「空を飛べたらいいなあ」

「鳥はどうやって飛んでいるのかなあ」

「こうやったら飛べるかもしれないなあ」

そんなふうに考えて、わくわくする、やってみたらできなかった。……子どもはそこで学びます。

その子はもう高校生になっていますが、今でも、

「お母さんったら、僕に羽、つくってくれたよね。飛んでみたら落ちたよね」

と笑って話すそうです。

羽をつくらないまでも、鳥が飛ぶしくみを調べてみたっていいでしょう。

紙飛行機で研究してみるのだって楽しいでしょう。どんなふうに折ったらまっすぐ飛ぶのか、どんな紙がいいのか、どんな飛ばし方がいいのか。こうなると、お父さんが乗り出してくるかもしれません。

子どものわくわくを、ふくらませてあげてほしいのです。

Point アドラー博士の〝わくわく〟を育てる問いかけ法

①「続きはどうなるかな？」

本の読み聞かせをしているときでも、テレビの連続ドラマを一緒に観ているときでも、「このあと、どうなるかな？」「この人は、これからどうすると思う？」と聞いてみましょう。子どもが本来持っている想像する力を刺激してあげるのです。

②「どうなったらいいと思う？」

「こんなふうになったらいいなあ」「自分だったらこうするなあ」という気持ちを引き出すことも子どもの想像力を育てます。ほかの人の立場に立って共感したり、ほかの人の幸せを望む気持ちも育っていきます。

③「どこが楽しかった？」

一緒に出かけたり、何かを一緒にやったあと、「どこが楽しかった？」「何かおもしろいこと見つけた?」と、子どもの喜びや発見を言葉で引き出してあげましょう。自分にとって何が楽しいかに注目することは、夢に気づく力になります。

④「どこが違ったら、もっと楽しかったかな?」

子どもがあんまり楽しそうでないときも、「せっかく連れて行ってあげたのに!」なんて非難せずに、その中でも、何か見つけたことや、おもしろいことはなかったか聞いてみるといいでしょう。そして、「どこが違ったら、もっと楽しかったかな?」と子どもの関心の方向を言葉で引き出すといいのです。

⑤「どこが違ったら、やりたくなる?」

ここへ連れて行ってあげよう、一緒にこんなことをしてみよう、と計画したのに、子どもが乗り気にならない場合もあります。そんなとき、「どこが違ったら、やりたくなる?」と聞いてあげると、子どもは自分で考えをふくらませるものです。

2章

「がまんできる力」が子どもの才能を引き出す

Instilling enthusiasm inspiring and broadening their dreams

18

欲しい物を「すぐもらえる」と「がまんする」では楽しみ度が違う

ちょっとびっくりしたことがあります。

「ママ、これほしいー」「ママ、こうしたいー」を連発するお嬢さん。すぐにその通りにならないと、「信じらんないー、わけわかんないー」と騒ぎ出し、とにかく要求が通るまでは収まらないのです。

……実は、小さい子ではなく、もうすぐ二十歳なのです。幼いのかと思えば、そうではありません。有名大学に通っているし、友人にはかなり気配りします。ところが親に対しては、「私のほしいものは何でも与えてくれて当然」という考え方なのです。こういう若い人が増えているのかもしれません。

子どもにとって、ほしいものは比較的すぐに手に入る時代です。

「うちの子は、いろいろほしがって困ります」と言うお母さんもいますが、お金がなくて買えないのであれば、困るまでもなく「買えないよ。ごめんね」で終わります。買おうと思えば買えないことはないから、「ほしがって困る」ということになるのです。

大人もがまんをすることが少なくなりました。

たとえば、「あと二年、一生けんめい働いてお金を貯めれば車が買える」ということだったら、少しずつお金がたまるのを待つ間のわくわくも、車を手に入れたときの喜びも大きいのです。二年間のがまんで喜びは何倍にもなるわけです。

しかし、今では頭金さえあれば、すぐに車が買えます。

昔は忍ぶ恋なんていうものがありました。なかなか会うこともかなわず、思いを伝えるチャンスもないまま心の中で恋し続ける。やっと機会がやってきて願いがかなったときには、まさに夢見心地になるわけです。けれど、今は恋愛も手軽です。若い人たちは簡単につきあったり、別れたりします。

「あれもこれもすぐにほしい。だから手に入れる」というように欲求中心で生きている人は、実は夢を持ちにくいのです。なぜかというと、夢というのは足りないものがあってこそ生まれるからです。

子どもの望みをかなえてあげるのが子どもを幸せにすること……そう思っているかもし

れませんが、必ずしもそうとは限りません。

オモチャでもなんでも、ほしいと言えばすぐ買ってもらえると、「あれがあったらいいなあ」という思いをふくらませる時間がありません。

がまんすることで、子どもは夢を広げることができるのです。

すぐに与えるよりも、子どもが夢を広げられるように手助けし、ほしいものを自分で一生けんめい手に入れようとする行動に手を貸してあげたらいいと思います。

今の世代の親は「がまん」を知らずに育っていることも多いでしょうから、この章では、あらためて「がまん」の意味から考えていきましょう。

19 「がまん＝あきらめること」の誤解

「痛いよ！」

子どもが叫んでいるときに、

「それぐらい痛くないでしょ。がまんしなさい！」

これでは子どもが感じていることを否定しているのと同じです。

たとえば注射だったら、痛くても必要だからやろうねと言って、無事終わったところでこう言ってあげるのがいいでしょう。

「痛くても、がまんできたね！　これで病気がよくなるね」

がまんはいいことで、自分はそれができるんだ、というのが伝わるからです。

「このゲーム、買って」

「ダメよ。がまんしなさい」

これはちょっと困ります。

がまんとは、子どもの感覚や望みを否定することではありません。ほしいものやしたいことを、あきらめさせることでもありません。

では、がまんとは？

何かを手に入れたり、望んでいる状態になるまで、楽しみや喜びを先に延ばす、ということです。

思春期ぐらいになると、友だちと遊びたいし、受験もあるし、部活もあるし、といったさまざまなことがかち合って、自分は今、どれを選ぶのか、という選択も必要になってきます。

今はこっちをちょっとがまんして、楽しみを先に延ばす、ということができると、最終的に望みに近づきやすくなるわけです。がまんを知らないと、毎日なるべく楽に過ごすほうに流れてしまい、ちょっと大変なことにぶち当たるとたちまちギブアップしがちです。

がまんは人を成長させます。

具体的にどうすればいいのか、実際に子育ての場面で考えていきましょう。

20 「待つ時間」が想像力を伸ばす

ほしいものをすぐに買ってあげるよりも、一カ月なり一週間なり待ってもらうほうがいいのです。その間に「あれがあったら、どんなふうに楽しいかな」と夢を広げることができるからです。

年齢が低いと、何カ月も待つなんていうことは難しいものです。数日でも、せめて一日でもいいから、がまんして待たせてはどうでしょうか。

「これがほしいんだね。じゃあ、明日まで考えて、それでもとってもほしかったら、もう一回言ってね」

よく子どもが何かをほしがったときに、

「なんでほしいの？」

「だって、みんな持ってるもん」

なんていう会話になるものですが、なぜほしいかなんていう理由は、たいてい、こじつけです。ほしいものは、ほしいのです。

理由よりも、それがあるとどんなふうによさそうなのか、という目的のほうが聞く意味があります。

たとえば、こんなふうに聞いてあげるといいのです。

親「どんなふうに使うの？」
子「それがあると、どんなふうに楽しいのかな？」
親「……そうか、そんなに楽しいんだ。だったら待てるね？」
子「別の遊び方に気づいたら、またお母さんに教えてね」

待つ間にイメージを具体的にするのは、夢を広げていくことです。

夢というのは、生き生きと想像することで広がっていくのです。

大人だってそうだと思います。たとえば「この家は狭いし、いずれ引っ越さないといけないけど」というときに、ふと新しい家をイメージしてみたとします。

「日差しがいっぱい入る出窓にきれいな鉢をおいて、対面式のキッチンカウンターで子どもとおしゃべりしながら料理をして……」

そんなふうに具体的に思い描くと、よし、引っ越そう！ そのためにまず、何から始めたらいいかな、と気持ちが行動へとつながっていくものです。

子どもにとって、ちょっとした夢を広げる練習は、自分の望みをかなえるために行動していく力となります。

夢を広げるには、ほしいものがすぐに手に入るのではなく、がまんする時間をとることが必要なのです。

21 「がまんできない子」から「がまんできる子」に変わる工夫

「お母さん、忙しいから、今はダメ」

こんなふうに言われても、子どもは待てないものです。早くこっちを向いてもらおうとして、「お母さん！　お母さん！」という騒ぎになります。

「あと五分待ってね」

「この時計の針が3になるところまで待ってね」

こういうふうにきちんと言われて、その約束が守られるのがわかっていれば子どもは待てます。

何かを買ってほしいときも同じことです。

「今はダメだけど、そのうちね」

これでは、「そのうち」がいつなのかわかりません。具体的に期限を示してあげるといいのです。

「お誕生日まで待ったら買ってあげられるなあ」

「六月にお父さんのボーナスが出るから、そうしたら買ってあげられるよ」

約束は必ず守ること。子どもが言うのを忘れているからといって知らんぷりしてはいけません。

「ほしがってたゲーム、どうする？　今なら買ってあげられるけど？」

こうやって、子どもが言わなくてもちゃんと聞きましょう。そうでないと、待っているだけ損、ということになってしまいます。

「うん！　買って」

と言ってきたら、

「ちゃんとがまんして待てたもんね。じゃあ買おう」

ということになります。

今は気が変わって別のものがほしい、という場合もあるでしょう。

「そんなにすぐ気が変わるようじゃダメ。約束したのはあのゲームなんだから、別のものなら買ってあげません」

そんなカタいことを言わずに話し合ったらどうでしょうか。人は誰だって気が変わることがあるのです。

「そうか、今は違うものがほしいんだね。同じぐらいの値段だったら、ちょうどクリスマスも近いし、買ってあげられるかなあ」

だいぶ予算をオーバーしているなら、もう一度、「来月のお給料が出るまで待ってもらえたら買ってあげられるけど」と話をすればいいのです。

あれもほしいし、こっちもほしいんだけど……という場合は、子ども自身に選んでもらえばいいでしょう。

「これだったら三カ月待ってもらうけど、こっちなら一カ月。どっちがいい？」

というわけです。

22

「ダメ！」より「どうすればいいか」を教える

子どもにがまんをさせなくなったわりに、「ダメ！」という言葉が多いお母さんをよく見かけます。

「ほら、ダメじゃないの。そうやって騒いじゃ！」

「道路で遊ぶのはダメ！　危ないって言ったでしょ」

もちろん、実際に子どもが道路に飛び出すなど命の危険があるときは、どんな言い方をしようと、とにかく止めることが必要です。そうした緊急の場合以外だったら、ダメの連発は避けたほうがいいのです。

禁止するだけで終わらずに、どうすればいいかを具体的に教えてあげることです。たとえば次のように。

「電車の中では静かにしようね」
「道路は危ないから公園で遊んでね」

こういう言い方なら、子どもは「どうすればいいのか」がわかります。

子どもが何かをほしがった場合にも、「ダメ！」と言うお母さんと「買ってー」と叫ぶ子どもが果てしない争いを繰り広げてしまうことが多いもの。

「いやだー、買ってー」

と泣いてダダをこねる子どもは、親が叱ったりなだめたりしてかまっている限り、その状態を続けます。

結局は、お母さんが根負けして買ってあげるか、子どもが泣き疲れてあきらめるか、どちらかになってしまいます。

争いにならないためには、落ち着いた声で、けれどきっぱりと言ってあげるといいのです。たとえばこんなふうに。

「それは悪いけど買えないよ」

「来月まで待ってくれたら買えるよ」


子どもがダダをこね始めた場合には、叱るのも、説得しようとするのも逆効果。そうやってかまっている限り、ダダこねは続きます。むしろ、

「泣くのが終わったら帰ろうね。お母さん、こっちにいるから」

とでも言って、少し離れたところで、そっと様子を見守るほうがいいのです。

一人で泣き叫んでいてもどうにもならないので、いずれダダこねは終わります。

23

目標を達成する喜びの教え方

商店街を歩いていると、子どもが突然言い出します。

「お母さん、ゲーム買っていい？」

買ってあげるかあげないか、ではなく、子ども自身にこの問題を返してあげたらどうでしょう。たとえば、こんなふうに。

親「おこづかい、どれぐらいたまってるの？」
子「うーん、二〇〇〇円ぐらい」
親「それで買える？」
子「買えないよ！　あと二〇〇〇円ぐらいないと」
親「じゃあ、今日は見るだけにして、早く二〇〇〇円貯まるように工夫しようか」

節約してためておく以外にも、肩たたきをしたら五〇円とか、お風呂を洗ったら一〇〇円とか、アルバイト料を出すこともできるでしょう。

あるいは、こういう方法もあります。

「もうちょっとお手伝いをしてくれたら、お母さん、買ってあげる気になるかもしれないなあ」

子どもが自分で努力して手に入れられるよう、ちょっと手を貸してあげるのです。

「よかったね。がんばって四〇〇〇円貯めたから、ゲームが買えるね」

「あなたが毎日洗濯物をたたんでくれて、お母さんとっても助かったから、お礼にゲーム買ってあげるよ」

こういう結末になれば、子どもは手に入れた喜びだけでなく、がんばった達成感や、自分が役に立ったうれしさも味わえるのです。

24 「がまんの仕方」で知性は磨かれる

明日までに出すドリルがまだたくさん残っているけど、観たいテレビもいろいろある。どうしよう……。

「テレビなんて、それどころじゃないでしょう！　さっさとドリルをやらないと終わらないよ！」

そうやって追い立てて無理に机に向かわせても、子どもはふくれるし、テレビが気になって能率が上がらないかもしれません。

そこでちょっと知恵を使いましょう。ビデオがあるではありませんか。

本当に観たいテレビだったら、あきらめることはないのです。

今はちょっとがまんして宿題をやって、明日ビデオを観られるかもしれないし、宿題が早く終わったら、今日のうちに観ることだってできるかもしれません。

子どもが思いつかなかったら、助け舟を出してあげます。

「観たいテレビがあるんだね。ドリルが気になってると落ち着いて観られないだろうし、今はちょっとがまんして、ビデオに撮っておくといいんじゃないの？　ドリルが終わったら、ゆっくり観られるよ」

無事にドリルが終わったら、「がまんしてドリル終わらせて、よかったね。これで安心して観られるね」と言ってあげましょう。

なかには、この調子でビデオばっかりたまってしまう、という家庭もあるかもしれません。次々に録画するものの、観る時間がないわけです。だったら、それでもいいではありませんか。子どもが本当に観たいものだったら観るでしょう。

ラベルに子どもの名前を書いて、「あなたが使うのはこの三本まで」というように決めておく方法もあります。いっぱいになったら重ね録りしていくしかないのですから、どれを観るか、どれは観ないまま重ねてしまうかは子ども自身が考えて判断することになります。

Point アドラー博士の「がまん」をめぐる3つの誤解

①「がまんしなさい」はあきらめさせること?

いいえ。がまんは、あきらめさせることではありません。ほしいものだからこそ、手に入れるまでしばらく待つ、ということです。何でもすぐに手に入るのではなく、がまんすることは子どもにとって大切です。

②子どもは待てない?

いつまで待てば手に入るのか、期限がはっきりしていれば、子どもは待てます。どのぐらいなら待てるのかは、年齢やほしいものによるでしょう。明日まで待つのだっていいのです。「これぐらいだったら待てるかな?」と、子どもと話し合いましょう。

③がまんは、つらいこと?

むしろ、がまんすることで夢を広げることができます。手に入ったらどんなふうに楽しいかな、どうやって使おうかなと、想像するのに手を貸してあげるといいでしょう。そうやって待ちながらイメージすることで手に入れる喜びが大きくなります。

3章

「自分からやる子」に変わる魔法の習慣

Instilling enthusiasm inspiring and broadening their dreams

25 「何のために勉強するの？」という質問に答えられますか

新聞によると、「家でほとんど勉強しない」中学生が二割もいるのだそうです。高校になると三割に増えます。ちなみに小学生では一割弱です。いずれにしても、昔に比べて勉強の時間が明らかに減っているようです。国別の比較調査でも、日本の子どもの勉強意欲の乏しさが目立っています。

けれど、みんながみんなそうなのかというと、実は一部の子どもはものすごく勉強しています。

小さい頃から塾に入って、いい小学校、いい中学や高校、そしていい大学へというわけです。今では有名大学に入るのは、ほとんどがこのように親がかなりの教育投資をして勉強させてきた子どもたちです。

それでもいい大学に入れば安泰というわけではありません。東大卒だって、今やかつてほどの威光はないわけです。それ以前に、優秀な子どもが思わぬところでつまずく事件も増えています。

こうなると、大半の親は思うことでしょう。

「一生けんめい勉強させたって、うちの子が特別いい大学へ入れるわけじゃないだろう。たとえ入れたとしても、そこまで無理をする甲斐があるかどうかわからない。まあ、そこそこにやって人並みの生活が送れればいいや」

あるいは、こう考えるかもしれません。

「ガリガリ勉強ばかりさせるより、個性を伸ばしたほうがいい。何かスポーツはどうかしら。歌をやらせるのもいいし、劇団に入れるのがいいかもしれない」

なかには自由にやらせるのが一番と、放任する親もいます。

とにかくお金をかけて勉強させていい大学へという親と、そんなに勉強なんてしなくても、という親……私は、いずれもどこか違うのではないかなと思います。

勉強は、べつにいい大学へ行くためにするのではないのです。

では、何のためでしょうか。

わからないことをじっくり考える作業、新しいことを知ったり発見する楽しさ、根気よく何かに取り組むこと、物事を整理して自分なりに判断すること……勉強というのは、いわば、大きな夢に向かって乗り出していくための基礎力を養う作業なのです。

あれもこれもまんべんなくできなくたって、かまいません。国語は大好きだけれど、算数はつまらないし苦手だ、と言う子どももいます。

「そんな簡単な計算もできなくて、大人になってどうするの?」なんて心配をしなくても大丈夫です。必要なときがくれば、人はどうにかやるものです。たとえば、パイロットになりたいなとか、コンピュータの仕事をしてみたい、なんていう夢が生まれたら、そこに向かっていく間に難しい計算だってこなすようになります。

そんなとき、「計算が苦手だから無理だ」と考えるか、「計算さえできるようになればいいんだ」と考えるか……それは、どんな教科にせよ、自分でじっくり勉強した体験を持っているかどうかで違ってくると思います。

勉強はとても大切です。

けれども、押しつけられた勉強は苦痛になります。

「自分から勉強する」方法を子どもが身につけるには、親のちょっとした工夫が必要。では、まずそれを考えていきましょう。

26 自分から勉強する子に変わる魔法の習慣

では、子どもが「勉強する」ために、親はどうしたらいいのでしょう。

「もっと勉強しなさい！」と口をすっぱくして叱っても、うちの子は全然勉強しない……そう嘆くお母さんは多いようです。小学生のうちなら、ある程度は叱りつけてでも勉強させることはできるでしょうが、年齢が進むにつれて親の強制もきかなくなります。第一、叱られながら勉強をしていたのでは勉強嫌いになります。自分から何かに取り組む喜びや、わからなかったことがわかるようになる楽しさもなかなか味わえません。

かといって、「勉強にはこういう意味があるのよ！」と一生けんめい説いて聞かせても、おそらく子どもにはピンとこないでしょう。

一番いいのは、早いうちから習慣づけをすることです。

たとえば幼稚園や保育園ぐらいの年齢で、「じっと座って勉強する」ことを身につけられるようにするのです。

何も難しいことをやる必要はありません。お母さんが一緒に座って、お絵かきや塗り絵でもいいし、シール貼りだっていいのです。子どもが楽しくなるようなことをやります。年齢や状況に応じて、最初は一五分でもいいし、三〇分でもいいでしょう。

親「今日は一五分勉強したね！　たくさんできたねえ」
子「うん！　ボク、ずいぶん勉強した」
親「明日は二〇分ぐらいできるかもしれないね」

そうやっているうちに、少しずつ自分の名前を書けるようにしたり、時計が読めるように練習したり、子どもが興味を示すことに沿ってやっていくといいでしょう。

毎日、決まった時間に机（あるいは食堂のテーブルでもいいのです）に座って何かに集中する、という習慣がついていれば、小学校に上がってから自分で勉強を進めやすくなります。

なかにはまだ小さい頃から「お受験」のためにあちこちの塾に通わせる家庭もあるよう

ですが、それがいいかどうかはさておいて、家で勉強をする習慣づくりのほうが、よほど子どもの力になります。

学校の勉強を好きにさせなければ、と思う必要はありません。そんなに好きでなくても、学習習慣が身についていれば、やらなければいけないことはやるようになります。そうやっているうちに、好きな教科や好きな分野もできてくるものです。

もし、すでに小学校に上がっていながら、勉強の習慣がないならば、まずその習慣をつくるために手を貸してあげましょう。

「一緒に座って、ちょっと勉強しようか」

こんな声をかけるといいでしょう。

ただし「勉強を教えてあげる」必要はありません。お母さんはお母さんで、本でも読んでいればいいのです。

お母さんが子どもに勉強を教えようとして一生けんめいになると、どうしても、

「このあいだ言ったのに、もう忘れたの！」

「なんでわからないの！」

なんて叱ることになりがちです。何ごとでも、子どもよりも親のほうが熱心になって乗

り出すと、あまりいい結果にならないものなのです。

「わからないことがあったら聞いてね。教えてあげられるかもしれないよ」

というぐらいにしておくのがいいのです。

勉強時間について話し合って約束するのもいいでしょう。

親「お母さん、一日に一時間ぐらいは机に座って勉強してほしいなあ」
子「えぇー。一時間も勉強するの、大変だよ」
親「じゃあ、三〇分ぐらいはできるかなあ？」
子「うーん、二〇分ならできる」

それだっていいのです。その時間、机に座っていられたら、

「ちゃんと二〇分できたね！」

こう言ってあげるのがスタートです。

できたことを認めてあげると、子どもはやってよかったなと感じて、次はもっとがんばろうという気になります。

座っている間に何がどこまでできたかは、そのあとの話です。

「二〇分もかかってドリルが二問しか解けてないじゃないの。何やってたの？　ちょっとお母さんに見せてごらんなさい！」

なんて叱らないこと。最初のうちは、半分ぐらいの時間をボーッとしていたってかまわないのです。

「ちゃんと机に座っていられたね」

と、まずはできたことに注目しましょう。そして、その子の変化を見守りながら、進歩した点に気づいてあげることが大事です。

「昨日より長く勉強できたね！」

「先週より早くできるようになったね！」

こうやって成長を認めてあげるのです。

どんな子どもだって、勉強ができないよりもできたほうがうれしいものです。

学年が進むにつれて子どもは周囲を意識するようになりますから、「もっと勉強ができたらいいのにな」と考えるものです。授業だって、わからないよりもわかったほうが楽しいでしょう。学校の教科以外にも興味を感じる分野が出てくるかもしれません。あるいは中学生や高校生になって、自分の夢のために「この学校へ行きたいんだ」という目標が生まれたりします。

そういうとき、「あーあ、もっと成績が上がったらいいのになあ」「もっとスイスイいろんな問題が解けたらよかったのになあ」なんて願っているだけでなく、自分から行動できるかどうかで違いが出ます。

少しの時間でも毎日机に向かう習慣さえ身についていれば、いざやるぞ、と思ったときに比較的スムーズに勉強に乗っていけるのです。

27 本を読まない子には、こんなお願いが効果的

活字離れが言われて久しいですが、実際に今の子どもたちは本を読まなくなりました。

小学校や中学校では「読書の時間」を設けたり、読んだ本の数をマラソンのように競ったりなど、あれこれやってみているようですが、家で本を読む、という子どもはなかなか増えないようです。

これは、しかたないことでもあります。

本を読まなくても、もっと手軽な娯楽がいっぱいあるからです。

テレビもあるし、DVDもあるし、ゲームもあるし、ケータイでメールもくる、という生活の中では、じっくり読書をする時間はなかなか取れません。マンガならちょっとした時間に読めても、一冊の本を落ち着いて読むのは難しいわけです。

マンガがいけないわけではありません。マンガの中にも、あまり質のよくない作品もあ

れば、たいへん質のいい作品もあります。これは本だって同じです。けれども、マンガは基本的に感覚に訴えるものです。文脈を理解したり、物語が始まる背景を時間をかけて読み取る作業が必要ないまま、最初の一コマからスイスイと感覚で入っていけます。読書と違って、内容を要約したり、全体の構造を理解するという訓練ができないのです。

想像をふくらませる余地が少ないこともあげられます。

文章で繰り広げられる世界を自分なりにありありとイメージして、そこに深く入っていく楽しみは、マンガではなかなか味わえないものだと思います。

こんなことを難しく説明しなくても、読書が好きなお母さんなら、とにかく本を読むのは楽しいのに！　と思うでしょう。私も青年時代は、『ジャン・クリストフ』とか『チボー家の人々』などを夢中になって読んだものです。

その楽しさを子どもにも味わってもらうにはどうしたらいいでしょう。

ひとつには「読み聞かせ」がいいと思います。

お母さんの声を通して、小さい頃からお話の世界の魅力に触れていると、読書の楽しみをつかみやすいのです。

自分で字を読むことを覚えたら、こんなふうに言ってみたらどうでしょうか。

「今日はちょっとお母さんに読んで聞かせてくれる?」

「明日、この続きを自分で読んで、どうなったか、お母さんに教えてほしいな」


子どもはお母さんに教えるのが大好きなのです。

小学生になってから読書の習慣をつけたい、という場合は、こんなふうに提案するのもいいでしょう。

「お母さん、一週間に二冊ぐらい本を読んだらいいと思うけどな」

「そんなの無理だよ」

「じゃあ、どれぐらいなら読めるの」

「がんばれば一冊かな」

「そうか、最初は一冊からやってみようか」

本格的に読書の楽しさがわかるのは、中学・高校・大学時代です。その貴重な時代のために、小さいうちから本に親しむ習慣をつけておいてほしいのです。

28 伝記物語で将来への夢を広げる

小さい頃には絵本が大好きだった子どもも、小学校中学年ぐらいになると、だんだん本を読まなくなりがちです。マンガや雑誌が周囲に増えるのに加えて、このぐらいの年齢向けの魅力的な本が少ない、ということもあるのかもしれません。

いったん読書の習慣がついていれば、一時期は本を読むことから遠ざかったとしても、そんなに気をもむことはありません。もう少し成長してから夢中になる本に出会うことができれば、それをきっかけに次々に読みあさったりするものです。

ただ、小学校高学年でぜひとも読んでほしいものがあるのです。

それは伝記や自伝です。

このぐらいの年齢になると、主人公の生き方と自分の将来とを重ねて見ることができるようになります。実在したさまざまな人の物語の中に生き方のモデルを探すことができるわけです。それは将来への夢を広げることにもなります。

伝記といっても、ヘレン・ケラーやシュバイツァーやエジソンといった、昔からの定番でなくてもいいのです。

サッカーに夢中の子どもに向かって、

「キュリー夫人の伝記を読みなさい」

なんて言っても興味がないかもしれません。中田英寿、小野伸二、中村俊輔などの本が出ていますから、すすめてみたらどうでしょう。

「ヒデって、こんなふうに練習したんだってね。おもしろそうだから読んでみたら」

「うん！」

ということになるでしょう。

野球好きな子どもだったら、イチローや松井秀喜の本は楽しいでしょう。

子どもの関心がある分野なら、ちょっと難しい本でも一生けんめいになって読むものなのです。一緒に本屋さんに出かけてみるのもいいし、今ではネット書店でさまざまな本がすぐ注文できますから、子どもと「こんな人の伝記もあるね」と話しながら選ぶのもいいでしょう。

29 将来、他人にだまされない知恵を身につける大切さ

この章の冒頭で、勉強の意味をいくつかあげました。

わからないことをじっくり考える、知ったり発見する楽しさ、根気よく何かに取り組むこと、物事を整理して自分なりに判断する……。

物事を自分なりに判断するというのは、「うそにだまされない」ことでもあります。

近頃は「振り込め詐欺《さぎ》」なんていうものが横行しています。これは、だまされた人がうっかりしていたのかというと、そうとばかりは言えません。犯人グループは迫真の演技をして人の心理に非常にうまくツケ込むのです。

それでも「最近はこういう手口の詐欺が多い」という知識があったり、法律などの常識があったり、相手の言うことを鵜呑《うの》みにせずに自分で落ち着いて考える習慣があれば、そういう人は犯人にとって「だましにくい」相手ということになります。

「自己責任」という言葉がやたらに使われるようになったことでわかる通り、これからの社会は周囲に合わせていれば安全というものではなく、自分で判断して行動していくことが必要になります。

保険会社の説明が本当かどうか、わかりません。

消費者金融のCMを鵜呑みにしていいのかどうか、わかりません。

メールの宣伝文句が本当かどうか、わかりません。

インターネットのお店が信用できるところかどうか、わかりません。

政治家の言うことが果たして本当かどうか、わかりません。

……世の中の何が本当で何がうそかを見分けるためには、ある程度の知識が必要だし、何よりも、自分の頭で考えて判断する力が欠かせないのです。そのためには教育が欠かせません。

江戸時代などは、庶民は無知なまま黙々と働くほうが治める側にとっては都合がよかったわけです。自分の頭で考えて一揆《いっき》など起こされてはたまりません。

幸い、今では基本的な人権のひとつとして、教育を受ける権利というのがあるのです。

最近ではメディアリテラシーなどと言って、情報を自分で集めて価値を判断する、という教育が高校などで始まっています。

ただし、教えられたからできるかというと、なかなかそうはいきません。小さいうちから「自分で考える」習慣がついていてこそ、こうした授業で教えられたことも自分のものとして身につくのです。

勉強して賢くなることと、自分自身で考える習慣を育てること、その両方があってこそ、生きていく知恵となるのだと思います。

この十数年、酒やタバコ、そしてドラッグなどの問題もどんどん低年齢化しています。インターネットやメールなどがきっかけで子どもが犯罪に巻き込まれるケースも増えています。

自分の望む生き方ができるためには、うそにだまされないこと、そして周囲に流されないことが必要です。

周囲の人とつきあっていく上でも、そして消費者としても、将来の有権者としても、「自分で考えて判断する」力を養ってほしいと思います。

30 「自分で考える」クセをつける会話の知恵

子ども部屋をのぞいたら、カーペットが水びたしになっていたとします。

「ダメじゃないの。何やってるの！ 水を使って遊ぶなら、今度からお風呂場でやりなさい！ ほら、片づけるから手伝って！」

そう次々と頭ごなしに言わずに、子どもの言い分を聞いてあげることも必要です。

まずは応急の片づけを一緒にやってから、こんなふうに会話する方法があります。

親「何か言いたいこと、あるかな？」
子「あのね、人形のおうちで、人形をお風呂に入れようとしたの」
親「そうだったの。だけどカーペットが濡れちゃって、困ったよね」
子「ごめんなさい」

親「でも一緒にちゃんと片づけできたね。どんどん拭《ふ》いてくれて助かったよ」
子「うん！」
親「今度から、人形をお風呂に入れたいときは、どうしたらいいかなあ？」

子どもがやりたかったことを否定せずに、次はどうやったらいいかを考えられるようにするのです。

こうしたトラブルの場面に限らず、親はつい、さまざまな状況で「こうしなさい」と言いがちです。

「今日は雪になるかもしれないって天気予報で言ってたわよ。ほら、風邪を引くといけないから、このコート着て行きなさい。それからマフラーと手袋もね。置き傘してたのを、このあいだ持って帰ってきちゃったでしょう。傘を忘れずに持って行きなさいよ」

「また消しゴムなくしちゃったの？　とりあえず買ってきてあげるけど、明日、学校でちゃんと探すのよ」

「友だちとケンカしたの？……まあ、それはあなたが言いすぎたんじゃないの？　ほら、電話でもいいから、早くあやまって仲直りしなさい」

いろいろ方法を教えてあげたい気持ちはわかりますが、なるべく子ども自身が考える時間をあげてほしいのです。

年齢にもよりますが、天気予報でこう言っている、という情報だけあげて、あとは考えてもらうこともできます。

「雪になるかもしれないって。何を着て行ったらいいかな?」

薄着で出かけようとしたなら、

「それだと寒いかもしれないよ」

と教えてあげればいいのです。あとは子どもの判断。ちょっと風邪を引いたとしても、次からはどうしたらいいか、それでわかります。

「そうか、消しゴムなくしちゃったんだ。どうしたらいいかなあ」

こう聞けば、探してみるとか、買ってほしいとか、子どもが何か言うはずです。

「ケンカしちゃったんだ。どんな気持ち?」

自分も悪かったかな、あやまりたいなと思っているのなら、子どもも方法を考えるでしょう。

子どもは経験や情報が少ないので、どうしたらいいのか、うまく考えつかない場合もあります。

「お母さん、どうしたらいいかな？」

こんなふうに聞かれたり、子どもが困っているのなら、

「こんな方法もあるね」

「お母さんだったら、こうするかなあ」

と言ってあげればいいのです。

31 テレビは「禁止」より「観ない日」をつくる

夕食時にはいつもテレビがついている、という家庭は多いと思います。それどころか、夕方から誰かしらが観ていて、ずっとテレビがつけっ放しだったり、家族それぞれの部屋にテレビがあって別々に観ている、なんていう家もあります。

週に一度ぐらい、テレビを観ない日があってもいいのではないでしょうか。

子どもだけ「テレビ禁止」なんていうことになると、

「どうしてお父さんは観てるの。ずるいよ」

と、なりかねませんから、お父さんも交えて話し合って、家族での過ごし方を考えるのです。

それぞれが好きな本を読んで、こんなところがおもしろいよ、と報告しあうのもいいでしょう。

一緒に夕食を作ったり、片づけを分担するのもいいでしょう。ギョウザ作りなどは、小さい子どもでも夢中になるものです。

家族でゲームをするなど、ゆっくり遊ぶのもいいし、今週あったことや思ったことを報告しあったり、「こんなことがあったけど、どうしたらいいかな」と話し合う家族会議の場にするのもいいでしょう。

いつもついているのが当然のようになっているテレビを消してみると、新しい家族での過ごし方が見えてくるものです。

テレビのことに限らず、家庭の状況に合わせて、ユニークで楽しい「うちの習慣」づくりを工夫《くふう》してみるといいのではないでしょうか。たとえば「家族の誰かにいいことがあった日はトランプ大会をする」という家もあります。それぞれ得意な楽器があって、日曜日は一緒に演奏する、という家もあります。

子どもが小さいうちだからこそできることは、たくさんあるはず。それは思春期になったり大人になっても、大事な思い出として残るものです。

32 親が子どもの夢を決めてしまう危険

近頃では小学校から英語で授業をするというところが出てきています。

子どもが小さい頃から国際的な環境で育つようにと、もともとは外国人を対象にした学校に入れる親もいるようです。インターナショナルスクールは学費がかかるというので、中華学校なども人気だとか。

早くから国際的な文化に触れるのは、もちろん、それはそれでいいことでしょう。

ただし、ちょっと困ったケースもあるようです。

親がフランスにあこがれていて、フランス語はほとんど話せないけれども、子どもをフランス人学校に行かせる……。子どもは大変です。一生けんめい勉強して授業にはやっとのことでついていったとしても、校内では昼食時だって全部フランス語なのですから、ちょっとした日常のことがうまく伝えられない。家に帰れば一転して日本語の生活です。そのうち、「近所の友だちと同じ学校に通いたい」と言い出したり、ということになります。

子どもにとって大切なのは、まず生活のベースになっている言葉で周囲を理解し、自分を表現する力をつけていくことだと思います。日常を日本語だけの中で暮らしている子どもに外国語ですべて勉強させようというのは不自然な話です。たとえ外国語ができるようになっても、その言葉で何を表現するのかという中身を育てるのが難しくなってしまうのではないでしょうか。

親の持っている文化、親が暮らしている文化を、子どもにしっかり伝えていきたいものです。日本人としてのベースがあってこそ、海外にも出て行けるのですから。

もちろん、外国語を習わせるな、と言っているのではありません。別のケースもあげておきましょう。

この家庭では、親が外国から講師を招いて講演会などを企画する仕事をしていました。家族連れで来日する人もいて、ときどき家に招いたりもしていました。息子さんは小さい頃から同じような年齢の子どもがやってくると一緒に遊んだり、観光に同行したりしていましたが、さほど積極的にコミュニケーションを取ろうとはしませんでした。

あるとき、この少年が海外のお客さんに折り紙を折って見せたところ、とても好評で、大喜びしておみやげとして持って帰ったのです。彼はこれですっかり自信を得て、次にまた外国の人が来ると聞くと、一生けんめい新しい折り紙を覚えたり、自分でもオリジナル作品を作るようになりました。

「英会話を習いたい」と言い出したのは、小学校高学年のときです。「もっと英語がわかったら、あの子とこんなことも話せた」というわけなのです。英語塾に入ると、耳慣れていたこともあって、ぐんぐん上達しました。

中学一年の夏休みには知り合いに招待されて一人でオーストラリアに行き、また折り紙を披露して帰ってきました。翌年の夏休みには一カ月滞在し、周辺の学校なども見学したそうです。帰ってきて「高校はオーストラリアがいい」と言い出しました。数校を訪ねた中で、自分にぴったりだと感じる学校があったのです。

冬休みには親も一緒に現地に渡り、いろいろ調べた末に留学を決めたそうです。きっと今頃は、わくわくでいっぱいになっているでしょう。

こうやって夢に向かって行動するのは、素敵なことです。

そうではなく、大人の好みや主義で、子どもを無理に別の文化に「移植」しようとするのは、子どもに気の毒ではないかな、と思います。

Point アドラー博士の 願いを実現していくための3つの習慣

①勉強する習慣

毎日机に座って勉強する習慣を早いうちからつけるといいのです。その習慣が自然に身についていると、子どもが自分なりに勉強する目的をつかんだとき、ぐんと力を伸ばすことができます。

②読書する習慣

マンガやテレビだけでなく、本を読むことが楽しめるように読書の習慣づくりを。文脈を読み取る力や、自分なりに想像する力が育ちます。そして伝記は将来の夢のモデルにもなります。

③自分で考える習慣

「こうしなさい」と結論を言ってしまうのではなく「どうしたらいいかな?」と投げかけて、子ども自身が考える時間をとってあげるといいのです。自分で考え、自分で決める習慣は、周囲に流されず、自分の望む生き方をつくっていく力になります。

4章

「ほめる」よりはるかに子どもの心を動かすこの体験

Instilling enthusiasm inspiring and broadening their dreams

33

「がんばれ」より「がんばったね」で次もやる気になる

過労死や、うつ、さまざまなストレス性の病気、よい子の「燃えつき」という言葉も聞くようになりました。

「がんばらなくていいんだよ」

こんな言葉があちこちで聞かれます。「がんばらない」ことがいいんだという空気も生まれました。

私は、そうは思いません。

がんばること、ベストを尽くすことは大切です。がんばらないというのは、なんだかつまらないではありませんか。

ただし、「がんばれ」と言われて追い立てられるようにがんばるのでは、楽しくないし、やがて息切れしてしまいます。なぜなら、「もっとがんばれ！」というのは、励ましているつもりでも、実は、まだがんばれていないという意味になるのです。今の自分ではまだダメだ、もっとがんばらないと……そうやって必死になると、燃えつきも起こります。

ですから、子どもには、「がんばれ」と繰り返すよりも、「がんばったね」と言ってあげてほしいのです。

具体的な場面で考えてみましょう。

夏休みの宿題で工作をやっている子どもがいるとします。なかなか思い通りにいかず、かなり時間をかけた末に、やっと骨組みができてきたところです。

「もっとがんばらないとダメじゃないの。あと二日で夏休み終わっちゃうんだからね。間に合わなくなるよ」

こう言われた子どもは、自分はがんばりが足りないんだ、だから間に合わなくなるかもしれない、そうなったらどうしよう、と思うことでしょう。

代わりにこう言ってみたら、どう違ってくるでしょうか。


「がんばったねえ」

「そこまでできたんだね」

「この調子ならあと少しだね」

努力を認めてもらった子どもは、自分はがんばれたんだ、よし、もっとがんばれるぞ、と思えるのです。

「ボク、がんばれた！」

こう言えるような場面を、たくさん経験させてあげたいものです。

大人から見たら、もっと早くできたり、もっとうまくできたらいいのにと思うかもしれません。

けれど、親の基準で評価するのではなく、子ども自身の努力や成長をぜひ認めてあげてください。

34 努力が続くのは「立派なこと」ではなく「素敵なこと」

家族全員で一年の目標を立てる、という家庭があります。とてもいいことだと思うのですが、どんな目標ですかと聞くと、たいていはこんなぐあいです。

お父さんは「お酒を飲み過ぎない」。お母さんは「もっときれいに掃除する」。子どもは「忘れ物をしない」。

……けっこうなことなのですが、あんまり楽しそうではありません。

ごもっとも、という目標を並べる前に、「どんなことができたら今年は素敵かな」と考えてみたらどうでしょうか。

もしもお父さんが、ハーフマラソンに出場するために、お酒の誘いをなるべく断って体調を整える、というのだったら楽しそうです。

お母さんが、家にしょっちゅう友だちを呼んでお茶を飲んでおしゃべりできたらいいなあと思っていて、「いつも花が飾ってあって、大勢が楽しくくつろげるような素敵な家にしたい」というのなら、これも楽しそうです。

子どもが、今年こそはクラスでみんなに頼られるような存在になりたいなあと考えていて、そのために「忘れ物をして怒られることがないようにしよう！　今までのイメージをガラッと変えるぞ」というのだったら、ちょっとわくわくします。

目標というのは、何か立派そうなことを言うのが大事なのではありません。それでは、学校でよくあるような「なかよくあいさつしよう」みたいなものになってしまって、自分自身の目標というより、何かの標語と変わりません。

目標が生きるためには、「こうなったら素敵だなあ」という夢に描くイメージがあって、それを実現するためにこの目標に向けてがんばるんだ、という思いが生まれてくることが肝心です。

ですから、今年の目標は？　と聞く前に、まず、こう聞いてあげるといいのです。

「今年は、どんなふうになったら素敵かな？」
「どんなことができるようになったら楽しいと思う？」

家族みんなで考えてみるといいでしょう。

「お母さんは、親戚の結婚式に素敵なドレス姿で出たいわ！」

そのために、お菓子をポリポリするのをやめて、ちょっとダイエットしようとか、生活を規則的にして肌をきれいにしようとか、新しいドレスを買うために少し節約しようとか、いろいろ楽しい目標が具体的にあがってくると思います。

「ボクは、いつも友だちに貸してもらっている雑誌を自分で買えたらいいなあ。ゲームのカードももっと集めたい。おこづかいが一〇〇〇円になって、好きな雑誌やカードが買えるようになるのが今年の夢だ」

そうなると、おこづかいがアップするには、もうちょっとお手伝いをしたらいいかな、よし、がんばって毎日お手伝いをして、お母さんに交渉しておこづかいを上げてもらおう……という目標も出てきます。

自分の願いをかなえるための行動を考えて、それを実行していくということです。

もしかしたら、おこづかいは今年中に一〇〇〇円にはならないかもしれないけれど、五〇〇円から八〇〇円に上がるかもしれません。

「今年の夢」がかなったかどうかよりも、夢のための目標に向けてがんばって行動できたかどうかが大切なのです。

親や先生は、子どもに向かって「もっと目標を高く持って」なんて言いますが、多くの子どもは「そんなにがんばらなくても、そこそこでいいや」と思っていたりします。

おまえは根性がない、なんて叱っても逆効果です。必要なのは根性ではなく、未来の夢が描けること。こうなったらいいなあ、という楽しい未来が描ければ、そこに向かってがんばる気持ちも生まれてくるのです。

35 目標は何度でも修正して「できた自信」を積み重ねる

「テストでもっといい点をとる！」

こう宣言した子どもがいるとします。とてもいいことですが、こういう抽象的な目標だと、達成できたかどうかがわかりません。こういうのは目標というよりスローガンです。

だからといって、

「いい点、じゃわからないでしょう。そんなの目標にならないよ。どの教科で、何点とるの？　はっきりしなさい」

なんて問い詰めないでください。子どもの思いを喜んであげることです。その上で、具体的な目標を引き出してあげるといいのです。たとえば、こんなふうに。

子「私、今度はテストでもっといい点とるんだ」

親「そう。いい点とれるといいよね。どの教科をがんばることにしようか」
子「算数！」
親「じゃあ算数だったら、どのぐらいとることにする？」
子「次のテストで八〇点とるの」
親「そう。算数で八〇点とるのが目標だね」

こうやって確認してあげると、子どもにとっても目標がはっきりするのです。

「進んでお手伝いをする」というのはスローガンですが、たとえば「食べたお皿は自分で片づける」だったら具体的な目標になります。その通りできたかどうか、結果を具体的に判断することができるわけです。

ただし、目標通りできることが大切なのではありません。目標は、うまく達成できることもあれば、できないこともあります。

できたときには「できたね！」と認めてあげることです。子どもは達成感を味わうことができます。

できなかったときには、「どうやったらできるだろう？」と考えればいいのです。それを次の行動に生かす……これがフィードバックということで、目標を立てる大きな意味のひとつです。

親「一日一時間勉強するって目標立てたけど、今回はちょっとできなかったね。どうかな、残念だった？」
子「うーん……できるはずだったのになあ」
親「どうしたらできるかな？」
子「テレビを観る時間を、もうちょっと減らしたらできると思う」
親「どのぐらい減らしたら一時間勉強できそう？」
子「うーん。火曜日にいっぱい観ちゃったからなあ。マンガを一つ減らして一時間半にする。木曜は子ども会で遅くなるから、テレビは三〇分だけにする」
親「そうか。そうしたら一時間勉強できるかもしれないね」
子「うん。やってみる」

こんなふうに考えていくことができます。

子どもによっては、張り切るあまり、とても大きな目標を立てたりもします。たとえば一学期にドリルを終わらせるのが遅くなって先生に叱られたから、二学期には一週間でドリルを全部やると言い出すような場合です。

「そんなの無理に決まってるでしょう」

なんて最初から言わずに、やらせてみればいいのです。

「じゃあ挑戦してみる?」

やってみて無理だったら、目標を考え直します。

「がんばったけど、一週間では難しかったねえ。ちょっと目標を変えようか」

「うん。九月だと無理そうだから、十月のうちに終わらせることにする」

「そうか。十月のうちに終わったらいいねえ。じゃあ、これから一日どのぐらいやったら十月のうちに終わるかなあ」

目標というのは未来をつくること、未来の設計です。

設計ですから、いくらでも修正は可能なのです。

36 「あきっぽい」性格は「好奇心いっぱい」と考える

「もうやめたい。だって、あきちゃったんだもん」

習い事を始めて半年で、こんなふうに言い出す子ども……。こんなとき、たいていのお母さんは、

「そんなことでどうするの。続けることが大事なのよ」

と教え諭すでしょう。けれども、親が「絶対やめさせない」とがんばっても、本人がいやだったら、あまり意味はないわけです。

子どもの気持ちを確認してみて、ほかの原因があるのではなく、本当に「あきちゃった」「おもしろくない」なら、べつにやめたっていいのです。

大事なのは、次の目標を引き出すこと。

こう聞いてみたらどうでしょうか。

親「やめるとしたら、次にはどんなことやりたい？」
子「ダンスを習いたい」

そんなふうにやりたいことが出てくるなら、あきっぽいとか、物事が長続きしないというよりも、むしろ好奇心が旺盛で、たくさんのことにわくわくでき、気持ちの転換が早いのだと思ったらどうでしょう。

すぐにあきらめてコロコロ変わるのはよくない、という考え方も確かにあります。でも、べつにコロコロ変わってもいいではありませんか。いろいろなことをやってみるうちに、本当に夢中になるものが見つかるかもしれません。

次にやりたいことが浮かばない場合もあります。

「うーん、わからない」

なんていう場合には、今やっていることが楽しくなる方法がないか、一緒に考えてみてもいいし、

「次のことが見つかったら教えてね」

と言って、しばらく待ってもいいでしょう。

ところで、子どもの気持ちはともかくとして、お母さんの側に続けてほしい事情がある場合もあります。

「そろばんを始めるっていうからいろいろ買ったのに、もうやめちゃうなんて、もったいない」「また新しいこと？　手続きもいるし、お金もかかるし……」というわけです。

それなら、あきっぽいと言って子どもを叱るよりも、お母さんの気持ちをそのまま言えばいいのです。

「せっかくそろえたものがもったいないなあ。お金だって大事にしたいなあ。もう少し続けてくれたら、お母さん、うれしいんだけどな」

子どもは親を喜ばせたいと思うものです。こうやって話すと、たいていは、

「わかった。じゃあもう少しだけやる」

ということになるもの。しばらく続けてみるうちに、案外楽しくなったりするかもしれません。

37 大人が目標を与えると、自分から動かない子になる

子どもが、スイミングを習いたい、と言い出したとします。

それが小学生だったら、親はこんな目標を頭に浮かべるでしょう。

「まずはクロールで二五メートル泳げるようになることだね。次は平泳ぎもできるようにして、そのうちに一級をとるのが目標だね」

大人は先が見えているから、そういうふうに考えるわけです。

けれども、その前に、スイミングに通う、という段取りのところから一段階ずつ進んでいきませんか。

たとえばスイミングの教室がどこにあるのか、どの教室がよさそうか、家からどうやって通うのか……。

「一緒にインターネットで調べてみようか」

などと提案すれば子どもは乗ってくるでしょう。週に何回通うのか、何曜日がいいのか。もちろん年齢にもよりますが、子どもが自分で調べて考えることができるように、親が手伝ってあげるのです。

自分で行きたくて、いろいろ調べて決めたんだということなら、意欲も違ってくるはずです。

通い始めておもしろくなってくれば、子どもは自然に「もっとうまくなりたい」と思うものです。なんとか次の級に進みたいとか、記録会でいいタイムを出したいとか、あるいはコーチにほめられたから、県の大会に出られるようにがんばりたいとか、自分で目標を考えるようになります。

「それはいいね。そのためには、どんなふうにしたらいいのかな?」

こうやって投げかけて、応援してあげるといいと思います。

こういうプロセスをすっ飛ばしていると、たとえば中学生や高校生で子どもが「留学したい」と言い出したときに、「わかった。お父さんが全部調べてあげるから」というふうに、すべてお膳立てするようなことになってしまいます。

子どもがちょっと口にしたことで、親が待ってましたとばかりに乗り出して次々に段取りしてしまうというのは、けっこうあることです。

「こんなのもあるよ、これもあるよ、ほら、こっちもあるよ。どれがいい？」

これでは、すっかり親主導になってしまいます。親があんまり口を出すと、子どもは自分から動かなくなってしまうのです。

大人は情報も経験もあるために、ついあれこれ言いたくなるものですが、ちょっと後ろに控えて子ども自身の段階を待つことが大切だと思います。

ところで、念のため付け加えておきます。

これまでに何度かインターネットで調べるという話題を出しましたが、子どものネット利用に不安を持っている親は多いようです。確かにアダルトサイトや自殺をテーマにしたサイト、違法ドラッグなどの問題、チャットなどで不用意に個人情報をもらしてしまうなど、危険はいろいろあります。

ですから、好きに使っていいよ、というわけにはいかないでしょう。

安全のために注意すべきことやネットでのルールを教えて、使い方を話し合うといいと思います。親と一緒に見る、アクセスできるサイトを制限する、時々は履歴をチェックするなどの方法も役に立つと思います。上手に見守りながら活用していきましょう。

38

「願い」で終わらず「行動」に移させる上手な誘導法

何かを手に入れたいとか、何かができるようになりたい、という夢や願いは、そこから具体的な目標を立てやすいし、望みにどれだけ近づいているかもおよそわかります。

たとえば、あと二〇〇〇円ためたら、ほしかったアニメのＤＶＤが買えるから、二カ月がんばってお手伝いをすればいい。空手で黒帯をめざしていて、今は二級だから、もっとこんなふうに稽古《けいこ》をしよう……というぐあいです。

ところで、こんな願いだったらどうでしょう。

「あの子と友だちになれたらなあ……」

心の中で願っているだけでなく、行動につなげるには、願っていることの第一段階は何だろうと考えてみるといいのです。

たとえば、こんなふうに問いかけて、必要ならヒントをあげます。

親「そうか、友だちになりたいんだ。じゃあ、まず最初は何から始める?……おはようって言ったら、向こうもおはようって言ってくれることかな。そこからやってみるかい?」
子「うん、やってみる」
親「そのためには、何をしたらいいかなあ」
子「おはようって、大きな声で言うんだ」
親「そうだね、それはいいね」

第二段階、第三段階と、いろいろ考えられるでしょう。「あの番組、観た?」と話しかけてみるとか、休み時間におしゃべりするとか、遊びに誘ってみる、というふうに。

子どもに限らず大人でもそうですが、今はモノや地位よりも、「心の豊かさ」「人とのつながり」みたいなものを多くの人が求めるようになりました。

生活を楽しみたいとか、自分らしい生き方がしたいとか、充実感を得たいとか、自分のことをわかってくれる相手がほしい……といった夢というのは、目に見えない分、どこまで近づいたのかが測りにくいし、行動につなげるのが難しくなります。だから、夢として自覚しないことも多いのです。

どんなふうになったら自分にとって「生活を楽しむ」ことになるのか、その第一段階を具体的に考えてみたらどうでしょうか。

一週間に一度は趣味の時間を持つことなのか、いつもよりちょっとお金をかけて一品多い料理を食べることなのか、たまには友人とどこかへ出かけることなのか。それによって、すぐできる行動は違ってくるでしょう。

行動につながらない夢や望みは、ただの夢物語になってしまいます。

「なんかおもしろいことないのかな。退屈だなあ」なんてつぶやいている若い人も、自分の夢に気づくことができずにいるのです。

小さいうちから子どもが心の中の望みを具体的な形にできるよう、ちょっと手を貸してあげましょう。

「まず最初は、どんなふうになったらいいかな」

「どこから始めてみようか」

そうやって引き出してあげるのです。

39

他の子と「がんばり度」を比べる言葉はタブー

こんなきょうだいがいます。

お姉ちゃんはピアノが得意で、クラシックバレエの教室でもいつもほめられています。学校の成績も非常にいいのです。二歳下の妹もピアノとバレエを習っていますが、なかなかお姉ちゃんのようにはいきません。勉強もあまり好きではないのです。

「お姉ちゃんはもっとできるのに……」

「お姉ちゃんだったら、もっとがんばるよ」

なんて、しょっちゅう比べられては悲しい思いをしているのです。

一方、こういうきょうだいもいます。

お兄ちゃんはずっと剣道を習っていて、中学では生徒会長も務める優等生です。無口ですが、しっかりしていて頼りがいがあります。小学生の弟は小さい頃から嬉々として絵画教室に通い、家のあちこちに彼が描いた絵が飾ってありましたが、最近では一転して囲碁《いご》に夢中です。日本棋院《きいん》に通い始めて一年足らずで、すでにアマ三段。この弟はかなりの甘えん坊なのですが、むしろそれが魅力なのか、学校でも人気者のようです。

子どもはそれぞれ個性があります。ところが往々にして親の価値観や好みに沿うように育てようとしてしまいます。たとえば最初のきょうだいの場合、ピアノとバレエが上手で勉強ができる……という親の理想があって、それに沿った子はよくできた子で、そうでない子はもっとがんばらせないと、ということになってしまうわけです。

これは、子どもにとって負担になるし、同じ基準でばかり評価されて、違った個性を認めてもらえないことになります。お姉ちゃんみたいにできない私はダメなのかもしれない、と思い込んだりするのです。

子ども自身が得意なこと、好きなことを引き出して、その子自身の成長に注目すれば、子どもはそれぞれの領域でのびのびと力を発揮できます。

お兄ちゃんはこういう点で認められている、僕はこういう点で認められている、という自信を持つことができ、それぞれ成長していけるのです。繰り返しになりますが、親の理想とするわが子ではなく、目の前にいるその子に関心を向けるということです。

きょうだいに限りません。

「あの子はあんなに漢字が書けるのにねえ」

なんて友だちと比べたり、クラスの中でどのぐらいの成績かと順位を気にするのも避けたいものです。

大切なのは他の子と比較してどうなのかではなく、その子自身が一年前と比べてどのぐらいのことができるようになったか、どのぐらいがんばれるようになったか、ということです。

40 大きな挑戦には、小さな体験を重ねる工夫でうまくいく

一人で田舎のおばあちゃんの家へ行く……大きな挑戦です。

これには段階が必要でしょう。たとえば、最初は隣の駅に住むお友だちのところまで行くのを目標にする。そのために、一回は一緒に練習してみます。

「こうやって切符を買って、こうやって改札を入って、このホームで電車に乗るんだよ。降りる駅は覚えているかな？」

というぐあいです。

次には自分だけで行って、降りる駅で友だちのおばちゃんが、待ってるからね、というふうになります。もしも一人ぼっちで心配だったら、もう一回だけ、

「お母さんがそっと後ろをついていくから、心配になったら振り返って見てごらん」

という方法もあるでしょう。連れられて行くのではなく、自分で考えて行動するだけで

も、子どもは誇らしい気持ちになってがんばるものです。

一段階進むごとに、

「できたね！」

と認めてあげましょう。

ひょっとすると、切符をなくしてしまったとか、電車に忘れ物をしてしまったなんていうトラブルが起きることもあるかもしれません。それを材料にして一緒に考えればいいのです。たとえばこんなふうに。


「がんばったね。だけど、ちょっと失敗もあったね。

今度はどうしたらいいかな」


新しいことに挑戦するのは、度胸試しとは違います。不安で怖くてしかたないのに、

「できるんだから、やりなさい！」

と迫るのは、子どもの勇気を育てることにはなりません。

人は、七割方大丈夫だと思えれば挑戦ができるもの。不安が三割ぐらいに減るように工

夫が必要です。

「わからなくなったら、駅員さんに聞くんだよ」

「駅員さんにこの紙を見せれば、どこに行くのかわかるようにしてあげるよ」

「行き方をこれに書いたから、忘れちゃったら見るんだよ」

「携帯電話を貸してあげるから、こうやってかけるんだよ」

こんなふうに挑戦ができるようにしてあげるのです。

「お母さん、もう一回だけ一緒に来て」

「だって、この前やったじゃないの」

なんて言わずに、

「じゃあ、お母さんが隣の駅で待ってるのはどう？」

「うん、それだったらやってみる」

ということになるかもしれません。

一人でどこかへ行くことに限らず、何ごとでも挑戦する勇気のためには、こうやって段階を工夫することが大切なのです。

挑戦する勇気があってこそ、夢に向かって進んでいくことができます。

41 引っ込みじあんな子を勇気づけるひと言

近所に絵画教室ができて、とてもいい先生だと評判だし、何よりうちの子は絵を描くのが大好きみたいだから通ったらどうかな、と親が考えたとします。

「でも、行きたくない……」

という子どもに、

「ああそうか。わかった」

だけでは、ちょっとあっさりしすぎです。

かと言って、

「とにかくあなたは絵が好きなんだから、行ってごらんなさい」

と命令したのでは、行きたくないという子どもの言葉を無視したことになります。

「どうして行きたくないの？」

と理由を聞くのも、あまり意味がありません。理由なんていくらでもつけられるからです。

では、どうやったら挑戦したい気持ちを引き出せるでしょうか。

そのためには、オール・オア・ナッシング（すべてか無か）にならないことが大切です。やたらと押しつけたり、何から何まで全部面倒を見てあげるのはよくないですが、かといって、最初からすべて自分で考えてやりなさい、と放り出したら、子どもは勇気が出せないのです。

まずは、こう聞いてみたらどうでしょうか。

「どうしたら行きたくなるかなあ」

少しヒントをあげるのもいいでしょう。

「試しに、お母さんと一緒に一回だけだったら行ってみる気になる？」

「誰か友だちと一緒だったら行きたくなるかな？」

「どんなところか、お散歩しながら場所だけ確かめてみる？」

などです。もちろん、一度に「これは？　あれは？」とたたみかけるのではなく、子どもの様子を見ながら会話して、ちょこっと提案してみるのです。

そうやって話すことで、本当に興味がないのか、ちょっと不安で尻込みしているのか、どのへんが不安なのかも見えてきます。

「行きたくなるようなことを思いついたら、お母さんに教えてね」

と言って待つことにしてもいいのです。

42 「失敗しても大丈夫」と教えれば子どもはへこたれない

「英検の四級を受ける」

子どもがそう言い出したとき、

「いきなり四級は無理じゃないの？　最初は五級からいきなさい」

親はこんなふうに言いがちです。

なぜそう言いたくなるかというと、もし落ちたらショックでやる気をなくすだろうと心配だからでしょう。けれど、これからの人生、うまくいかないことなんて、これからいくらでもあるのです。挑戦してみて失敗するのもいい体験になります。

失敗を生かすためには、がんばりを認めてあげること、残念な気持ちを受け止めてあげること、そして次にはどうしたらいいかを考えさせることが必要です。

たとえば、こんなふうに。

「一生けんめいがんばったんだもんね」

「落ちちゃって残念？　じゃあ、今度合格するには、どんなふうにすればいいかなあ」


子どもの時代は、何ごとも練習です。いつも成功ばかりしていたら練習になりません。やってみて初めてわかることが、たくさんあるのです。本当の力になるのは、頭で理解したことではなく、実際に体験したことです。だから、やる以上は成功しなければ、という考え方は引っ込めて、

「失敗したっていいんだよ」

と言ってあげてほしいのです。

やるからには成功しないと許されないと思った子どもは、確実にできそうなことだけやるようになります。失敗したって大丈夫だと思えれば挑戦できるのです。

最近では、高校は推薦で、大学も推薦で入学し、一度も不合格を経験していない人も増えているそうです。ところが、就職試験で生まれて初めて落とされて、ショックでへこたれてしまうこともあるとか。

子ども時代に失敗を経験して、そこから学べた子どもは生きることに強くなります。

ある人が、同じことに挑戦して二回失敗したとします。そこで、「二度あることは三度ある」と考えて挑戦をやめてしまう考え方もあれば、「三度目の正直で、今度こそうまくいくぞ」という考え方もあるわけです。

いい悪いではなく、どちらの人生が豊かかといえば、やはり三度目の正直を信じて挑戦できる生き方のほうが楽しいと思うのです。あまり慎重だと、自分の可能性を小さくしてしまうからです。

それに、不思議なことに、「たぶんできっこない」と思っていると、その通りになってしまうものなのです。未来のイメージというのは行動を左右するからです。ダメだったらどうしよう、と考えていたら、行動も消極的になってしまうのです。

失敗してもいい、とにかく全力でやってみよう……そう思えてこそ、夢のために一生けんめいやれるのです。

Point アドラー博士の〝がんばり〟と〝やる気〟を支える5つのルール

①がんばりを認めてあげる

がんばるのは、いいことです。「がんばりなさい」ではなく、「がんばったね」と認めてあげることで、夢に向かって一生けんめいになる力が育ちます。

②わくわくできる目標を立てる

こんなふうになったら楽しいだろうなあ、という夢を描いて、そこに近づくための目標を考えます。わくわくがあれば、人はがんばれるのです。

③なるべく具体的な目標を立てる

どこまで達成できたかがわかるような目標は、成長のチャンスになります。「できた!」という達成感が得られたり、次にはどうしたらできるか考えることができるからです。

④失敗を否定せず、失敗を生かす

やるからには成功しないと、なんて考える必要はないのです。「失敗だったね」と認めて次の行動に生かすことは、子どもの挑戦する力を育てます。

⑤周囲と比較せず、その子の中での成長に注目する

ほかの子どもよりすぐれているか劣っているかではなく、その子自身が一年前よりも、あるいは一カ月前よりも、昨日よりも成長した点に目を向けましょう。「こんなことができるようになったね」「早くなったね」と認めてあげることで、もっとがんばろうという気持ちが生まれるのです。自分が成長しているんだと感じられる子どもは、自分のことが好きになれるし、夢に向かって挑戦していくことができます。

5章

気持ちを前向きにする会話 知らずにへこませている会話

Instilling enthusiasm inspiring and broadening their dreams

43

イヤな気持ちを二倍にする会話、半分にする会話

「それぐらいのことで、怒ることないでしょう」

「今さらくやしがったって、しかたないじゃないの」

「いつまでもぐずぐず気にしてるんじゃないの」

つい、こんなふうに子どもの感情を否定してしまうことはありませんか。

大人から見れば、ささいなことに思えるかもしれません。腹を立てたり、くやしがったり、ぐずぐず気にしているよりも、前向きに気持ちを切り替えなさい、と言いたくもなるでしょう。

それでも、怒りを感じるときは感じるし、くやしいものはくやしいし、気になるものは気になるのです。

その気持ちを否定されたら、いやな感情がたまるばかりです。

むしろ、感じていることを話して、そうなんだね、とわかってもらえると気持ちの整理はつくのです。ですから、少しつきあって話を聞いてあげましょう。たとえば、こんなふうに引き出すことができます。

親「とっても気にかかっているんだね」
子「うん……。A子ちゃんはどうしてあんなこと、言ったのかなあと思って。私の作った学級新聞、よくなかったのかなあ」
親「学級新聞のせいかなって思うんだ?」
子「よくわかんないけど、そうかもしれない。だってね……」

親が子どもの気持ちに関心を向けて、子どもが自分のわだかまりを言葉にして話すことができれば、イヤな気持ちの半分ぐらいは消えていきます。

「どういうことなの、ちゃんと言ってごらんなさい」

「きっとこういうことじゃないの?　だったら、こうすれば……」

なんてせっつかずに、気持ちがうまく言葉になるまで待ってあげることも必要です。わけがわからないことを言っている、と思っても、しばらくつきあってあげると、子ども自身も、何を感じているのかを自分でつかめるようになります。

無理して前向きにさせようとするよりも、まずはモヤモヤしている気持ちを整理する時間をとることで、

「私はこうしたい」

「本当はこうしたかった」

「今度はこうする」

というように前向きな方向へ切り替えることができるのです。

44 「できない」を「やればできる」気に変えるコツ

子どもの気持ちを否定せずに認めることは大切です。ただし、それは子どもの言うなりになることとは違います。

アスレチック公園に出かけてみたものの、グラグラ揺れる吊り橋や、いつもとちょっと変わったブランコや、急坂をロープにつかまって登るのを目にした子どもは動こうとしなくなってしまいました。

「疲れちゃうからいい」

「そうか、疲れちゃうんなら、やらなくてもいいよ」

これではちょっと困ります。第一、子どもの気持ちを認めているというより、表面の言葉だけ受け取っているにすぎません。

「無理だよ、できないよ」

「そうか、無理なんだね」

これもなんだか妙です。

この場面で、「疲れる」とか「できない」といった言葉は、表面に表れたものにすぎません。

その奥にある気持ちは、新しいものへの不安や戸惑い、うまくいかなかったらどうしようという心配などではないでしょうか。かといって、

「疲れたなんて言って、本当は怖いんでしょう。やってみればできるんだから、ほら、さっさと行ってやってごらん」

そんなふうに叱っても、子どもは尻込みするばかりでしょう。

そこで、こんなふうにやってみたらどうでしょうか。

親「お母さんが半分の力を貸してあげるから、あと半分の力でやれば？」
子「……うん」
親「ああ、できたじゃない。力が出たね」

子どもがためらっている気持ちを汲みとった上で、最初は一緒にやってあげたり、少し手伝ってあげればいいのです。そして、ほんの一歩でも前に踏み出せたら、「できたね」と認めてあげるのです。

たいていの場合、子どもが口にするのは気持ちの三割ぐらいのもの。表に出た言葉だけに注目するのでなく、状況によっては奥にある気持ちに注意を向けることが必要です。

「だって、私が悪いんじゃないもん！」

とふくれている子どもに、

「誰が悪いとか言ってるんじゃないのよ！　お母さんの言うことを素直に聞きなさい！」

なんて表面の言葉にこだわってしまうのではなく、

「叱られてイヤな気持ちになってるのかな。何かわけがあったり、言いたいことがあるのだったら聞くよ」

と言って気持ちを引き出してあげるのです。

45 泣く子は叱るより、「なぜ泣いているのか」を言葉にさせる

子どもが隅っこにうずくまって、しくしく泣いています。

「何をいつまでも泣いてるの！　いい加減にしなさい！」

これではよけい泣きたくなります。

かといって、

「まあ、どうしたの、かわいそうに。どこか痛いの？　それともまたお兄ちゃんにオモチャとられたの？　そうなの？　ほら、お母さんがちゃんと言っておいてあげるから、もう泣かなくていいのよ」

泣いているだけでここまで全部わかってもらえるとしたら、何かあるたび泣くかもしれません。

「どうしたのかな。言葉で言ってごらん」

こんなふうに、そっと声をかけたらどうでしょうか。

なかなか泣きやまなかったら、あれこれかまわないことです。

「言葉でお話できるようになったら聞くね」

と言って、少し離れたところから見守ればいいのです。

泣くのは悪いことではありませんから、泣いてばかりいて！　と叱る必要もないし、早く何とかしなければ、と手出しをする必要もないのです。そういうよけいなものが入らなければ、子どもはしばらくすれば泣きやみます。

どういう気持ちで泣いているのかに関心を持っていることを伝えて、それを言葉にできるようにうながしていくのです。最初のうちは少し助けてあげるといいでしょう。

会話の例をあげてみます。

親「どうしたのかな」
子「お兄ちゃんがね、オモチャとったの……」
親「とられちゃって悲しくって泣いてたのかな」
子「うん、悲しいの」

親「どうしてほしいのかなあ」

子「返してほしい」

親「じゃあ、どういうふうにやろうか。……オモチャを返してって言いに行く？」

子「でも、お兄ちゃん、ぶつもん」

親「ぶたれるかもって心配なんだ。そうか。どうしたら言えるかなあ。お母さんがうしろで見てれば言えるかな」

子「うん。お母さん、うしろで見てて」

こうやって、少しずつ自分の力で解決できるように手を貸してあげるのです。

46

乱暴な子にはうまく表現できない気持ちの代弁をする

ブロックを組み立てようとしているのに、なかなかうまくいかなくて、しまいには乱暴に放り投げた子どもがいます。そんなとき、

「なんでそんなに乱暴なの！　投げたらダメじゃないの！」

と叱るよりも、こんなふうに言ってみたらどうでしょうか。


「うまくできなくて頭にきてるみたいだね。投げないで言葉で言ってごらん。お母さん、何か手伝えるかもしれないよ」


子どもだって、むしゃくしゃすることはいろいろあります。

誰かにイヤなことを言われた。試合に負けた。先生に叱られた。友だちとケンカしてし

まった……。

　そんなとき、弟をポカリとやったり、そのへんのものを蹴飛ばしたりするのでなく、気持ちを言葉にできることが大切なのです。頭ごなしに叱るのではなく、どうやったらいいのかを教えてあげることです。

「試合に負けてくやしかったのかな。ちょっと弟に当たっちゃったみたいだね。……そうか、悪かったかなと思ってるんだ。じゃあ、どうする？」

　自分の感情を認めてもらうと子どもは安心します。そして、どうしたらいいのか、本当はどうしたいのかを考えられるようになるのです。

　怒り、くやしさ、イライラ、困っている、心配になっている……自分の中にある気持ちを言葉にできるようにうながしていきましょう。その上で行動を引き出す働きかけをすればいいのです。

　実は、お母さんだって同じこと。

　ついカッとなって子どもに怒りをぶつけることはありませんか？

「どうしてわからないの！　だから言ったじゃないの！　お母さん、知らないからね。もう勝手にしなさい！」

こういうのは気持ちを言葉で伝えているとは言いません。そのへんのものを蹴る子どもと同じように怒りを爆発させているのです。

こんなときは、まず自分がカッとなっていることに気づく余裕を持ちましょう。深呼吸してもいいし、トイレにでも行って、ちょっと時間をかせいでもいいのです。

腹が立っているんだな、イライラしているんだな、がっかりしたんだな、と自分の感情を認めた上で、きちんと言葉で伝えます。

「お母さん、そういうふうにしてほしくないよ」

「おまえがそんな言い方すると、お母さん、悲しくなるよ」

「さっきはカッとして怒鳴って悪かったね。お母さんの気持ちはこういうことなんだよ」

子どもも、親のやり方を見て感情対処の方法を学んでいくはずです。

47 上手に自己主張できる子を育てる家庭、おさえる家庭

ある携帯電話会社のコマーシャルにびっくりしました。

二階にいるお父さんが、一階にいるお母さんに「ご飯できたか?」とケータイでメールしているのです。なぜ家庭の中でこんなことをしなきゃいけないのでしょう。二階から「おーい、ご飯はまだかい?」と聞けばいいではありませんか。

その声で、お父さんはすごくお腹がすいているみたいだなとか、ちょっと仕事で疲れ気味かなとか、わかるわけです。

お母さんが「夕食できました」とお父さんにメールして、お父さんが「今行く」なんてメールで答えるような家庭の風景がふつうになったら困ったものだと思います。

「ごはんですよ!」

と呼ぶお母さんの声でも、言葉以上のものが伝わります。今日は妙に張り切った調子だ

からごちそうかもしれないとか、イライラして機嫌が悪そうだから、さっさと行ったほうがいいとか、お父さんだってわかるわけです。ケータイのメールで「夕食です」と言われたって、わかりません。

ナマの感情のやりとりが生活の中から消えていっているような気がします。

子どもたちを見ていても、感情とつきあうのが苦手な子どもが増えているようです。

自分が何を感じているのかよくわからずに、なんとなくイライラしていたり、なんとなく退屈していたり、なんとなく不満だったり、という子がけっこういます。「今自分はこういう気持ちだから、こうしたいんだ」と、うまく言葉にできずに、イヤな気分をためていってしまうのです。

相手と仲よくなりたいと思いながら、受け入れてもらえずに傷つくのが不安で、なかなか一歩を踏み出せない子どもがいます。

友達同士でけっこう遠回しに気を遣っていたりします。

そうかと思うと、どういうことをすると相手が傷つくか、どれぐらい傷つくかが読めなかったりします。

自分の思いを言葉にできる、人の思いがわかる、ということは、望むような生き方をしていく上で欠かせません。

人は自分の世界の中だけで生きているのではなく、周囲とつながって生きているものだからです。

ただ放っておくだけでは、このような能力は育ちません。思いを言葉として引き出す親の手助けが必要なのです。

48 困った要求には要求の裏にある「目的」を満たすといい

ケータイのことが登場したついでに、もう少しだけ付け加えておきましょう。

この頃は小さい子どもでもケータイを持っているのがめずらしくなくなってきました。塾で遅くなるからとか、すぐに連絡がついて、どこにいるかわかるので親も安心だからとか、いろいろ事情もあるようです。

その一方で、迷っているお母さんも多いようです。

「子どもがほしがるけれど、使わせていいんでしょうか」

そんな声をよく耳にします。

実際、子どもが小学生ぐらいになると、

「みんな持ってるから買って！」

なんて言い出します。そんなとき、親の口をついて出るのはこのセリフです。

「みんなって、誰と誰なの？　みんな持ってるなんて、そんなことないじゃないの」
「何でもかんでもみんなと一緒にすることないの！」

これでは肝心なことが置き去りになってしまいます。べつに「みんな」の問題にこだわる必要はないのです。みんなが持っていようとそうでなかろうと、ほしいものはほしいのですから。

何のためにほしいのかを聞いてみたらいいのではないでしょうか。その上で、話し合えばいいのです。たとえば次のように。

親「どんなふうにケータイを使いたいの？」
子「AちゃんとBちゃんがメール交換しててうらやましいから、私もやりたいの」
親「それはお金がかかるのは知っている？」
子「うん」
親「じゃあ、そのお金はどうしたらいいだろうね」

別の提案をすることもできます。

「交換ノートって知ってる？　仲間でいろんなことを書いて順番に回したりして、楽しいんだよ。お母さんはそういうこと、やったよ」

それでもケータイがほしい、となったら、三カ月なり半年なり、待ってもらうこともできるでしょう。

「それまでに、楽しい使い方をよく考えておいてね」

そして、折に触れて家族でもケータイの使い方について話し合ったり、お父さんやお母さんも含めてルールを決めるといいと思います。

ケータイを持つこと自体がいけないわけではなく、どう使うかが大切なのです。

49 本物の感動を教えよう

テレビのスポーツ中継で、アナウンサーが「選手の皆さん、感動をありがとう！」なんて絶叫している場面をよく耳にするようになりました。

バラエティ番組などでも、近頃ではお笑いだけでなく、「感動」を呼ぶヒューマン企画が必ずといってよいほど組まれています。

私などはこの風潮を、まるで感動の大安売りだなあと思ってしまいます。

本当に心が動かされたときに「いやあ、感動しました！」なんていうセリフは出ないものです。胸がジーンと熱くなって、言葉に詰まり、涙がツーッと流れたりするのではないでしょうか。

もちろん、サッカーの試合で日本が勝ったらそれはうれしいでしょう。夢中になって試合を観ていればハラハラして興奮します。でも、自分で汗を流してやったのとは違います。

やはり、それは観客としての感動にすぎないのです。

自分で夢中になってやって心熱くなっているときというのは、周囲に盛り上げてもらう必要などないのです。ところが、めったにそういう体験ができません。

韓流ドラマが大流行しているのは、お手軽ではない心のふれあいを人々が求めているからではないかと思います。生活の中ではナマの感情に触れにくくなっているけれど、本当は心震わせる体験がしたいのです。

ところが、周囲には安売りされた感動や、上手に演出された感動があふれています。

子どもたちは最初からそういう中に暮らしていますからそんなものだと思っているかもしれません。ゲームの中の感動、バラエティ番組の感動……。

汗を流して一生けんめいになったり、仲間と協力してひとつのことを作り上げたり、友だちのために自分は何ができるだろうと真剣に悩んだ末の本物の感動をぜひ教えてあげたいものです。

Point アドラー博士の「気持ちを上手に切り替えられる子」になる方法

①子どもの気持ちを認める

子どもが感じていることを否定せずに、悲しいんだね、頭にきてるんだね、くやしいんだね、と、そのまま認めてあげましょう。

②言葉にするよううながす

泣いたり、人やものに八つ当たりしているときは、ただ「泣くんじゃないの」「そんなことしたらダメ」ではなく、「言葉で言ってごらん」とうながしましょう。

③その奥にある気持ちをとらえる

子どもが口にした言葉だけにとらわれずに、その奥にある気持ちに注目しましょう。こういうことかな、と聞いてあげるといいのです。そうやって自分の気持ちとつきあう練習ができた子どもは、ほかの子の気持ちもわかるようになります。

6章

アドラー博士が教える
親子で夢を育てるヒント

Instilling enthusiasm inspiring and broadening their dreams

50 「自己チューな夢」から「まわりも幸せにする夢」へ

子どものクラスで、最近しょっちゅう物がなくなっていて友だちが困っています。

「でも、ボク、やってないから」

……自己チューというのは、実はこういうことを言うのです。

自分のやりたいことがあって、それをハッキリ主張する子は自己チューとは限りません。自己主張してぶつかることで、相手の気持ちも聞くことを覚えていくでしょう。やりたいことを実現するには周囲の協力もいるんだとわかれば協調性も身につけていくでしょう。

むしろ問題は、誰かが困っていても、「自分がやったわけじゃないから」「自分には関係ないから」という子どもです。

周囲と関わりなく、自分が悪くなければそれでいい、という自分中心の世界で生きているのです。

悲しいことに、自己チューの子ども、そして自己チューの大人が増えているように思います。

自己チューの人の夢は、他人や社会とつながることができません。自分が楽しければ、自分のほしいものが手に入れば、という夢です。

これが極端になると、いつぞやの少女監禁事件の犯人ではありませんが「ハーレムをつくるのが夢だ」なんてことになったりします。

本当の夢というのは、ほかの人も楽しくさせたり、幸せにするものです。

起業家でも、研究者でも、政治家でも、本当に成功した人というのは、「自分の力を使って、どうやって他の人に喜んでもらうか、どうやって社会をよくするために役に立つか」ということを考えていたのです。

この章では、社会の中で生きる夢、人とつながるような夢を育てることを考えていきましょう。

51 友達に「嫌われないため」の努力は疲れる

最近の子どもたちを見ていると、友人関係に使っているエネルギーの方向が違うのではないかな、と思います。いい関係を作るためというよりも、「悪い関係にならないために」費やしている部分が圧倒的に多いように思います。

互いにケータイでメールを送りあって、何をしているのかといったら、とりたてて話し合う話題があるわけではないのです。相手がすぐに返事をくれるかどうかで、自分のことを大切にしてくれているかどうかを確かめているのです。一日中そのことにエネルギーを使って消耗したりしています。

そういう尺度でなくて、同じ目的でつながったり、同じものを競い合うことでつながることを覚えてくれたら、もっと力が生かせるのです。

私の高校時代は、演劇部で文化祭に芝居をやってとても楽しかったものです。

私は裏方でいろいろと大変だったけれども、充実感がありました。下級生には江守徹さんや吉田日出子さんがいて、彼らは当時から演技がうまかったのを覚えています。お芝居というのは、役者も裏方も一丸となって力をあわせて作り上げるものですから、夢中になって取り組んで幕が上がったときの喜び、無事に公演を終えたときの達成感は、何ものにも代えられません。

ひとつの目的をもって友人とつながるというのは楽しいものです。

小さい頃から、うちの子だけがいかにいい子になるか、という視点ではなく、子どもが周囲とともに成長していくことを応援してあげてほしいのです。

友人に嫌われないためにではなく、友人と一緒に何かを作り上げるためにエネルギーを使えるとしたら、子どもは消耗するのではなく、力を蓄えていきます。

52

「ウチの子さえよければ…」が子どもをわがままにする

「担任はこの先生にしてください」

最近はそんな要求を学校にする親が増えているそうです。自分の子どもは学校で一番いい先生にみてもらいたい、というわけです。

「ここの公立はあんまりよくないから、どこか私立中学へ行かせないと」

という親もいます。

もちろん、私立中学へ行ってもいいのです。その学校に魅力を感じて、そこなら子どもが伸びるだろうということで選ぶのは、いいことだと思います。

けれども、公立がよくないからどこか私立へ、というだけの理由だとしたら、地域の学校をよくしていくことも考えてみたらいいのになあと思います。「うちの子」は私立に行かせればいい、と思うかもしれませんが、ほかの多くの子どもは公立に行くのですから。

近頃は地域のつながりが薄くなって、路地裏で遊ぶ子どもたちを近所のおばさんが見ていてくれる、というようなことがなくなりました。よその子を叱るお母さんも少なくなりました。

けれども、「うちの子だけ」いい子に育てられるわけがないのです。無人島で暮らしているわけではないのですから。子どもというのはほかの子どもと交わりながら成長していくもの。うちの子も、よその子も、幸せになってくれる必要があるのです。

第一、子どもと母親だけの孤立した子育てというのは大変なものです。子どもというのは本来、地域ぐるみで育てていたのです。お母さん一人が自分の子どもを育てる責任を負わなければ、と考えたら追いつめられかねません。

「うちの子」のことでは、よそのお母さんや近所の人にも世話になればいいのだし、同じように、「よその子」のことも考えてほしいのです。

子どもを自己チューにしないためにも、「うちの子さえ」をやめて、「うちの子も、よその子も」という視点で子育てしてくれたらなあと思います。

53
「人に迷惑をかけない」ではなく「人の役に立つことをする」

「人に迷惑をかけないようにしなさい」

お母さんたちは子どもによくそう言い聞かせます。

けれども、生きていれば誰かに迷惑をかけることはあります。もちろん公共の場で騒ぐなど他人の迷惑を考えない行動は「よくないよ」と教える必要がありますが、まったく迷惑をかけないことなど不可能なのです。

うっかり誰かの足を踏んでしまうかもしれないし、電車に乗ればその人の分だけ込んでほかの人のスペースが減るわけだし、もっと地球全体で考えれば、私たちがぜいたくなものを食べている間に飢えに苦しんでいる人たちもいるのです。

むしろ、子どもにはこう言ってあげてほしいと思います。

「なるべく迷惑をかけないようにしたほうがいいけれど、そのつもりがなくたって、迷惑をかけることがあるんだよ。だから、困った人がいたときには手伝ってあげようね。それでおあいこになるんだから」

つまり、迷惑をかけないことでなく、自分なりにできることをやって誰かの役に立つことが大切なのです。そのためには、家庭の中でも、年齢に応じてお手伝いなど何かの役割を果たしてもらうのがいいと思います。

「やってくれて助かったよ」

と言って、子どもが役に立ったことを認めてあげるのです。

人が幸福に生きるには、自分の個人的な欲求が満たされることだけでなく、周囲とのつながりや、その中で「自分は必要とされている人間なんだ」と思えることが欠かせないのです。

若い人が「誰にも迷惑をかけてるわけじゃない」と言って、親のお金を使ってブラブラ遊んでいたり、自分だけの世界にこもっていたり、自分を傷つけるような行動をしているのを見ると非常に残念に思います。自分の力を社会のためにどう生かすのか、ということを忘れないでほしいのです。

迷惑をかけていないからいい、というのは、それこそ自己チューだと思います。

54 「自分に何ができるか」聞く習慣が行動力を伸ばす

クラスの子がいじめられているんだ、と子どもが話しました。

「でも、ボクはいじめてないよ」

それで、うちの子はいい子だと思ったり、標的になったのがうちの子じゃなくてよかったとホッとするのでは困るのです。かと言って、

「いじめる子は悪い子だね。いじめられてる子はかわいそうにねえ」

これでは、まるで他人事です。

こんなふうに話し合ってみたらどうでしょうか。

親「あなたに何かできることあるかな？」

子「ないよ……。だって、いじめをやめろなんて言ったら、ボクがいじめられちゃうよ」

親「学校で何か言うのは大変かもしれないけど、じゃあ電話だったらできるかな？　応援してるよとか、心配してる気持ちを言ってあげられるかな？」

手紙を書いてもいいし、帰り際にひと言声をかけるだけでも少しは助けになるかもしれません。

べつに「ぼくが味方になるから」と言っていじめのことを話題にする必要はないのです。さりげなくおしゃべりをするだけでも、いじめられている子にとっては力になるはず。誰か一人でも友だちが自分とつながっているという感覚が得られるからです。そのためにどんなことができるかなと、一緒に考えてみるといいでしょう。

何かあったとき、理屈を言ったり同情したりするばかりでなく、「自分には何ができるかな？」と考えられる子どもになってほしいものです。

地震や津波など、さまざまな災害が報道されていますが、そういうときにも、「うちで何かできることはあるかな」と子どもも交えて話し合ったらいいと思います。被災した人の身になって、役に立ちそうな支援物資を送るなり、少しの寄付だっていいのです。子どもも「おこづかいから一〇〇円出す」なんて言うかもしれません。

55 親のネットワークで子育てはラクになる

ＰＴＡの役員やクラスの委員を決めるとなると、どこも大変なようです。

「いいえ、私なんか。もっとふさわしい方がいらっしゃるでしょうから……」

そんな言葉が決まって出てきます。うちはこういう事情なので、私なんかではかえってご迷惑では……姑《しゅうとめ》の介護がありますので、ちょっと……。私なんか会長の器ではありませんから……。

そうではなく、「私にできることなら」と言ってほしいのです。

「私にどこまで務められるかわかりませんが、できることがあるなら協力します」

ぜひ、こういう考え方で役目を引き受けてみてほしいものです。自分ができる範囲で周囲に貢献する……親がそのような行動をとっていれば、子どもも学んでいきます。

そうでないと、子どもも知らんぷりをする子どもになります。クラスで何かやることになっても、面倒なことは避けて早く帰ろう、ということになるのです。

親が学校や地域の役目を引き受けると、親同士のネットワークも育ちます。さまざまな情報が得られるし、自分の子育てを客観的に見直すチャンスにもなります。何よりも、そのネットワークの中で自分の子どもを育ててもらうことができるのです。

最近ではボーイスカウトや少年野球チームなどへの参加が減っている地域が多いようです。子どもが参加すると親にもいろいろ役目が回ってきて面倒だから、というのが理由の一つのようです。そんな事情を察知してか、スポーツの家庭教師なんていうものも出現しています。

個人的に教えてもらったほうが上達するという場合もあるかもしれません。けれど、地域の中で仲間と一緒にがんばる体験は、ほかのものに代えがたいのです。

お母さんが仕事を持っていて忙しいなら、両親が交代で何かの役目を引き受けるのもいいと思います。

商店街の行事やお祭りなど地域のイベント、児童館や子育てクラブなど、地域での活動を、ぜひ子育ての中に取り入れてほしいのです。

56

競争は「勝ち負け」より「どれだけ成長したか」が励みになる

子どもが仲間の中でがんばることには、二つの大きな意味があると思います。

一つは、協力しあい、支えあうことです。それぞれが自分にできることをやって仲間の役に立とうとすることで、子どもは周囲に貢献することを学びます。

もう一つは、競いあうということです。仲間同士の競いあいは、子どものがんばりを引き出します。よきライバルの存在は、子どもが成長していくために欠かせないのです。

ただし、大切なのは、相手に勝つことではありません。ですから、

「あの子に負けるんじゃないのよ！」

こんなふうに追い立てないでほしいのです。

どちらが勝ったか負けたかではなく、肝心なのは、それぞれの子どもが最初のスタート地点からどれだけ力を伸ばせたか、ということです。

「あなたも、あの子も、すごく力が出せるようになったね」

そう言って認めてあげてほしいもの。

子どもが意識するライバルができたら、

「お互いにがんばれるといいね」

「あの子ががんばってるから、あなたも励みになるわね」

と喜んであげましょう。

子どもには、人に勝つか負けるかではなく、自分の中で成長していけばいいんだ、ということが伝わるはずです。

自分が成長していることが自分で感じられること……それが「自分を好きになること」でもあるのです。そこから次の挑戦への勇気も生まれます。

57

子どもの夢を他人もわくわくする夢にまで広げよう

子どもの夢は、たいてい自分の欲求から出ています。最初はそれが自然です。「自分のことばかり考えてるんじゃダメなのよ」なんて個人の欲求を否定してはいけません。けれども、その夢をほかの人と分かち合うことも、さまざまな場面で考えさせてほしいと思います。

たとえば、こんなぐあいです。

子「お金持ちになるのが夢なんだ」
親「ああ、いいなあ、お金持ちは。それで、そのお金は何に使うの?」
子「おいしいケーキをいっぱい買ってきて、食べる」
親「そうか。それもいいな。それで、もし誰かがケーキほしいと言ったらどうする?」

ほしいオモチャやゲームが手に入ったらどんなふうに楽しいかな、と考えるときも、

「それで、ほかの子とどんなふうに遊ぶのかな」

と聞いてあげるといいのです。

本当の夢というのは、ほかの人もわくわくさせられるようなこと。自分だけの利益追求ではないのです。

「その夢で、ほかの人も喜ばせることができるかな？　どんなふうにしたらできるかな？」

ということを、ときどき子どもに投げかけてあげるといいと思います。

イチローのことを考えてみてもわかります。

最初はメジャー・リーグに行きたいというのは彼の個人的な目標だったでしょう。でも実際にシアトル・マリナーズの一員となってからは、「日本人として、アメリカのチームでも恥ずかしくないような成績を残したい」というのが次の目標となりました。その次には、日本人だけでなく「アメリカの人たちにちゃんと喜んでもらえるようにプレーしたい」というふうになっていきました。彼の活躍は、夢がほかの人とつながっているからこそだと思います。

58 本当のエリートを育てる

東大の威光も衰えた、という話をすでにしましたが、ここにきて新しい流れが出てきているようです。東大受験をテーマにしたマンガが人気になり、それがテレビドラマにもなって、若者や子どもたちに評判だとか。

小学生や中学生が「東大ってかっこいい」と言い出したり、新聞でも、東大の復権なんていう記事を見かけました。

子どもがエリートをめざすのは、とてもいいことだと思います。

しかし、いわゆる社会の「勝ち組」になるのがエリートだなんて考えてほしくないのです。

では、本当のエリートとは、どういう人でしょうか。

有名大学を卒業して大企業に就職する人ではないし、社会的地位の高い人のことでもないと思います。

エリートというのは、自分の力を社会のために生かせる人のことです。

いい学校をめざしてがんばるのはいいことです。

ただし、ただ自分が社会的地位を得るためではなく、いい学校に行って何をするのかが大事なのです。こんなふうに子どもに言ってあげたらどうでしょうか。

「一生けんめい勉強して、みんなの役に立てる人になってくれたらいいなあ」

ときどき子どもに問いかけて、考えるチャンスをあげましょう。

「おまえはどんなふうに社会で役に立てるかな」

「君にどんなことができたら、大勢の人に喜んでもらえるかなあ」

「あなたの力は、どんなことのために生かせるかしら」

それがエリートを育てるということだし、夢を社会につなげていくことなのです。

Point

アドラー博士が教える 子どもの夢を伸ばす言葉、はばむ言葉

①「うちの子も」vs.「うちの子さえ……」

うちの子だけがよければいい、という発想では、子どもの力を十分伸ばすことはできないし、子どもが幸せになることもできません。ほかの子とともに子どもは成長していくのです。その中で夢も育《はぐく》まれます。「うちの子さえ」ではなく、「うちの子も、ほかの子も」と考えてほしいものです。

②「人のためにできることを」vs.「人に迷惑をかけちゃダメ」

誰にも迷惑をかけないことなど不可能です。生きていれば、どこかで誰かに迷惑をかけるのです。その代わり、自分にできることをして周囲の役に立つことが必要です。それを学べた子どもは、自分の夢を社会につなげることができます。これが本当の意味でのエリートなのです。「迷惑をかけるな」ではなく、「誰かのために、あなたができることをしよう」と教えてあげてください。

③「私にできることなら」vs.「いいえ、私なんか……」

親は地域や学校などでの役割を面倒がらずにできる範囲で引き受けてほしいのです。「私なんか」ではなく、「私にできることなら」という姿勢になれば、子どももそこから学びます。親のネットワークがあると孤独な子育てにならずにすむし、ほかの親のやり方を見ていて得るものも多いはずです。

おわりに

先日、びっくりするような話を聞きました。若いお母さんや独身の女性と子育ての話をしていたときのことです。ある女性が言いました。「子育てに全然自信が持てないの。一人前の人間に育てる自信がないの。私が育てたら、犯罪を犯すような加害少年になってしまうかもしれない。それが恐ろしいの。だから子供を産まないの」ということでした。

お母さんたちの子育てへの不安も、ここまで来たかと考え込まざるをえません。

普通に子育てをしていれば、まず加害少年になるなどということは起きません。子育ての中で一番避けなければならないものは、自分の子育てに夢や自信を失うことです。少しくらい間違った子育てでも、お母さんが夢や自信を持って育てれば、ちゃんと一人前の人間に育っていくのです。心配しながらする子育てが問題なのです。子育てには、こうしなければいけないというようなものはありません。自分のやり方を信じながら育てることが大切なのです。

今の子どもたちは夢がないとよくいわれます。子どもたちと話していると確かに夢を持っていない子がたくさんいます。でも、それはひょっとしたら親自身が子育てに夢を持っていないということと関係があるのかもしれません。親が子どもに夢を持てなければ、子ども自身で夢を持つことはできないでしょう。

子どもというものは、親の願いに沿って成長していくものです。子どもの将来を心配するのではなく、子どもの未来に肯定的な夢を持ってほしいのです。

野球のイチロー選手やゴルフの宮里藍選手のお父さんは、小さい頃から我が子を一流選手にしようと大きな夢を持って育てました。もちろん、夢の実現のためにたくさんの努力をしたのでしょう。その結果、まさに夢が実現したのです。

この本では子どもたちがどうしたら夢を持つことができるか、そして夢を実現するにはどうしたらいいかを書いてみました。ぜひ参考にしていただければと思います。

星　一郎

本書のお問い合わせ、子育てに関するご相談は、返信用の八〇円切手を同封の上、左記までお願いいたします。
〒二三七-〇〇七六　神奈川県横須賀市船越町八の二一の五　わいわいギルド

本書は書き下ろしです

著者紹介

星 一郎（ほし　いちろう）

心理セラピスト。1941年東京生まれ。東京学芸大学卒。都立梅ヶ丘病院精神科心理主任技術員を経て、都立中部精神保健福祉センター勤務。その後、財団法人精神医学研究所兼務研究員、日本アドラー心理学会評議員などを歴任し、現在、子育てボランティア団体「わいわいギルド」代表のほか、IP 心理教育研究所所長を務める。専門は個人カウンセリング、個人心理療法。オーストリアの精神科医アドラー博士が提唱した「アドラー心理学」を取り入れた子育て論や子どもへの対処法には定評がある。

著書に、『アドラー博士が教えるこんなひと言で子どものやる気は育つ』『アドラー博士のお父さんといっしょに子どもを大きく伸ばす本』『アドラー博士が教える「失敗に負けない子」に育てる本』（以上小社刊）など多数がある。

アドラー博士《はかせ》が教《おし》える
子《こ》どもの「あきらめない心《こころ》」を育《そだ》てる本《ほん》

2005年11月15日　第1刷

著　　者　星《ほし》　一《いち》郎《ろう》

発 行 者　小澤源太郎

発 行 所　株式会社 青春出版社

東京都新宿区若松町12番1号〒162-0056
振替番号　00190-7-98602
電話　編集部　03(3203)5123
　　　営業部　03(3207)1916

印刷　錦明印刷　製本　ナショナル製本

万一，落丁，乱丁がありました節は，お取りかえします。
ISBN 4-413-03558-5　C0037

お願い　ページわりの関係からここでは一部の既刊本しか掲載してありません。
折り込みの出版案内もご参考にご覧ください。

星 一郎著　子育てのロングセラー

アドラー博士が教える こんなひと言で 子どもの やる気は育つ

今日かけた“言葉”が、明日の子どもの自信になる

ISBN4-413-03267-5　1100円

アドラー博士の お父さんといっしょに 子どもを大きく 伸ばす本

2人の力が10の力に変わる魔法

ISBN4-413-03356-6　1100円

アドラー博士が教える 「失敗に負けない子」に育てる本

自分で考え、イキイキ挑戦する力がつくヒント

ISBN4-413-03474-0　1300円

※上記は本体価格です。（消費税が別途加算されます）
※書名コード（ISBN）は、書店へのご注文にご利用ください。書店にない場合、電話または Fax（書名・冊数・氏名・住所・電話番号を明記）でもご注文いただけます（代金引替宅急便）。商品到着時に定価＋手数料をお支払いください。
〔直販係　電話03-3203-5121　Fax03-3207-0982〕
※青春出版社のホームページでも、オンラインで書籍をお買い求めいただけます。ぜひご利用ください。〔http://www.seishun.co.jp/〕